Anne-Pia Godske Rasmussen

L'arche de Noé

d'Anne-Pia

photographe : Hanne Stroyer

l'inédite

collection *Atelier du fil*

L'univers enchanteur d'Anne-Pia
par Anne-Pia Godske Rasmussen

L'édition originale est parue en danois sous le titre
"Noas ark"

Cette édition est publiée grâce au concours
de Claudia Böhme, Rights & Literary agency,
Hannover, Allemagne (www.agency-boehme.com)

pour l'édition française
© L'inédite
6, rue Deguerry
75011 Paris
Tél : 01 40 21 35 42
www.editionslinedite.com

traduction du danois
Ludivine Verbeke

isbn : 978-2-35032-146-2

achevé d'imprimé en février 2009
sur les presses de l'imprimerie Stige en Italie

dépôt légal
1er trimestre 2009

Sommaire

Mille mercis à Connie,
de Sten og Stoffer, pour les jolis tissus,
la doublure isolante et les fils de soie.

Un grand merci également à Pernille,
qui une nouvelle fois m'a ouvert la
porte de sa maison pour y réaliser
les photographies.

Préface

Pour réaliser ce livre, je me suis inspirée du thème de l'Arche de Noé, d'après l'histoire racontée dans l'Ancien Testament.
Il y a quelques années, j'ai vu dans la boutique Shaker à Londres une magnifique arche fabriquée en bois. L'idée s'est développée et a donné naissance à ce joyeux troupeau d'animaux ; certains sont restés simples, d'autres ont été dotés de fonctions diverses.
Les chutes de tissus issues de projets volumineux peuvent être utilisées pour la fabrication des plus petits modèles, tels que les animaux de la page 31. Ces petites créations forment par ailleurs une belle association avec le coussin proposé à la page 38, représentant l'Arche de Noé et que les jeunes enfants pourront manipuler sans danger.
De même, tous les objets de ce livre plairont aux adultes qui ont un faible pour la figuration naïve.
Les dernières pages sont consacrées à des objets conçus pour accompagner les sorties en forêt ou au bord de mer, les croisières, ou les pique-nique sur le balcon. Les couleurs ont été choisies pour se marier avec la lumière et la chaleur des jours d'été, mais il est possible d'adapter les modèles tels que le tapis de pique-nique, les coussins d'assise et les revêtements de panier avec des tissus aux tons plus vifs pour égayer l'intérieur de la maison.
Étrange coïncidence, il a plu sans cesse jusqu'à ce que je mette un point final à cet ouvrage ; ces conditions climatiques m'ont aidé à maintenir la concentration. Je souhaite que vous aussi trouviez le moment propice à la réalisation de ces modèles.

Tous mes vœux de réussite,
Anne-Pia
Septembre 2004

Fournitures et matériel

Fournitures utilisées pour la réalisation des modèles de ce livre.

Ciseaux et kit de coupe

Il est essentiel d'utiliser une bonne paire de ciseaux de couture ; pour une découpe droite ou aux courbes précises, choisissez un kit de coupe, composé d'un cutter circulaire, d'une règle centimètre et d'un tapis de coupe. Ce kit est généralement disponible dans les boutiques de loisirs créatifs ou dans les merceries.

Crayon

Pour reproduire des marques sur les tissus clairs, on utilise un crayon de bois traditionnel de type 1B à 3B, pour les étoffes plus foncées, choisissez une craie à tissu de couleur claire. Les traits s'effaceront progressivement.

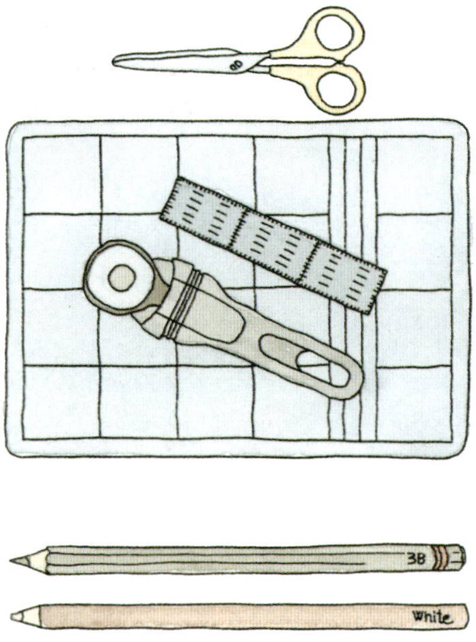

Fil et aiguille

Pour coudre à la machine, il est recommandé d'utiliser une aiguille n° 70 ou 80. Pour une couture d'assemblage, réglez la longueur du point entre 2, 5 et 3,5 ; pour effectuer les surpiqûres, choisissez la longueur 4.

Il est conseillé de faire un essai de couture sur une chute de tissu, vous pouvez ainsi ajuster la longueur du point et la couleur du fil. Pour réaliser la couture des ouvertures ou pour le montage, choisissez une aiguille n° 9 ou 10. Pour l'assemblage des membres au corps, pour piquer plusieurs épaisseurs de tissu ou du tissu épais, utilisez une longue aiguille de tapissier et un fil résistant.

Vous avez le choix entre les fils de coton et les fils synthétiques, l'essentiel étant que la couleur convienne à celle du tissu. Il existe du fil à quilter, en coton ou en soie, utilisé pour effectuer les points de quilt et les surpiqûres ; il peut être substitué par l'usage de deux ou trois brins de fil à broder DMC.

Tissu

Les modèles présentés sont réalisés dans différentes qualités de tissus en coton. Pour l'assemblage, veillez à ce que les deux tissus soient de qualités équivalentes.

Si l'objet est susceptible d'être lavé à la machine, faites un premier lavage des tissus avant de les coudre ; vous éviterez ainsi que les couleurs ne déteignent et que les pièces ne rétrécissent inégalement une fois l'objet terminé.

Les tissus dont les couleurs sont mal associées peuvent être colorés dans un bain de teinture, vous obtenez ainsi un fond de couleur commun. Pour réaliser un bain de teinture, suivez les instructions figurant sur l'emballage du produit.

Le tissu éponge est vendu généralement au mètre, vous pouvez aussi bien réaliser le coussin mouton (p. 46) et le chien bouillotte (p. 58) avec des serviettes de toilette.

Le tissu polaire, habituellement utilisé pour la confection de vêtements, entre dans la composition du tapis de pique-nique, présenté à la page 103 de ce livre.

Rembourrage

Pour remplir le corps des différents animaux ainsi que les coussins de garnissage, on utilise de la fibre de rembourrage synthétique.

Viseline épaisse

La viseline peut être thermocollante ou non. Toutes deux mesurent 2 mm d'épaisseur environ et sont de qualités égales. La viseline thermocollante a cependant l'avantage de pouvoir être fixée au tissu avec le fer à repasser. Appliquez-la avant de coudre le tissu, puis rembourrez de fibre synthétique ; vous obtiendrez ainsi un objet de belle apparence et à la surface lisse.

Entoilage

Dans ce livre, on l'utilise pour renforcer les toiles de lin ou d'autres tissus plus épais ; lorsque le modèle est rembourré de fibre synthétique, choisissez de l'entoilage souple de qualité intermédiaire.

Doublure isolante

Il existe différents types de doublure isolante parmi lesquels le Thermolam, de qualité supérieure, qui ne se déforme pas à la couture.

Billes de plastique

Les billes de plastique sont utilisées pour donner du poids et de la stabilité aux objets, notamment lorsqu'ils doivent tenir debout ou assis.

Boutons

Les boutons ont une fonction à la fois décorative et pratique car ils permettent de réunir et de fermer deux pièces. Veillez à ce que les boutons soient bien fixés au tissu, de sorte que les jeunes enfants ne puissent pas les détacher.

Marqueur de trait

Cet outil permet de marquer le tissu pour préparer un ourlet étroit ou pour placer une ouverture, par exemple. Les traits sont réalisés par pression, il disparaissent facilement. Vous pouvez fabriquer vous-même cet outil en utilisant une aiguille à repriser longue et épaisse : collez une grosse perle de verre sur l'extrémité au niveau du chas, vous aurez ainsi plus de prise et de maniabilité.

Retourne-biais et aiguille à trapunto

Ce sont des aiguilles au bout émoussé pour éviter d'abîmer le tissu.
Le retourne-bais permet de retourner les petites pièces sur l'endroit une fois cousues, et l'aiguille à trapunto est utilisée pour faciliter le rembourrage.
Il existe différentes tailles de ces outils, choisissez-les en fonction des modèles à réaliser, par exemple, les aiguilles les plus fines sont idéales pour travailler les pièces étroites.

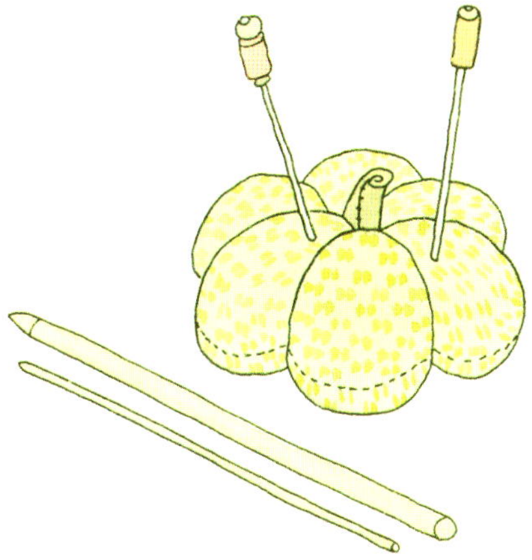

Conseils et astuces

Gabarits

Pour reproduire les pièces du patron sur le tissu, l'idéal est de fabriquer des gabarits dans un matériau légèrement plus épais que le papier. Reproduisez les pièces sur du plastique à pochoir ou sur du papier que vous collerez ensuite sur un morceau de carton rigide, puis découpez-les.

Milieu devant et milieu dos

Sur certains patrons, vous rencontrerez les abréviations mdt et mds ; il s'agit respectivement du milieu devant et du milieu dos.

Surplus de couture

En règle générale, tous les patrons comprennent un surplus de couture correspondant à une largeur de pied machine, environ 0,75 cm. Toutefois, lorsqu'une pièce doit être coupée sur une ligne de séparation, il faut ajouter un surplus de couture.

Largeur de pied machine

Coudre « à une largeur de pied machine » signifie qu'il faut placer le tissu sous le pied presseur, de sorte que le bord du tissu soit précisément aligné avec le côté droit du pied, l'aiguille étant placée au centre comme l'illustre le dessin ci-dessous.

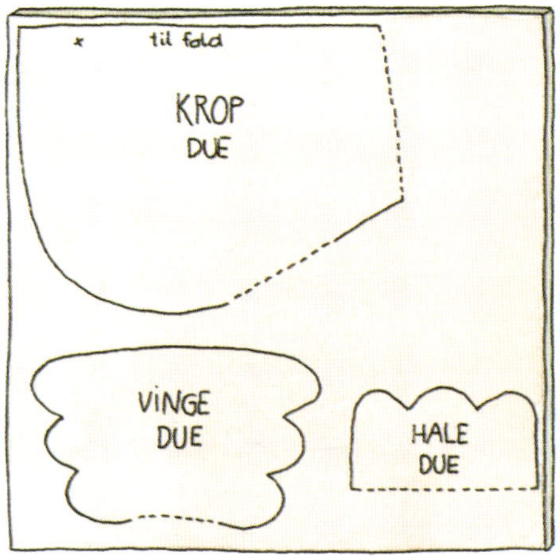

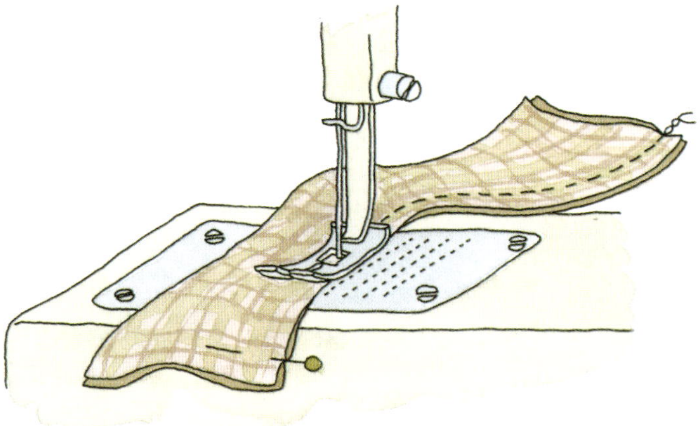

Techniques de couture

Couture inversée

Cette technique est employée dans plusieurs modèles de ce livre. Il s'agit en réalité de coudre le tissu avant de le couper. Lorsque l'on utilise deux morceaux de tissu différents pour les membres du corps, piquez les tissus endroit contre endroit, puis surpiquez le surplus. Ensuite, pliez le tissu, tracez les contours, et faites une couture d'assemblage comme expliqué ci-après.

Dans le cas d'éléments plus petits, tels que le groin d'un cochon ou le bec d'un volatile, l'assemblage de l'ouverture peut manquer de soin. La solution est d'effectuer une légère entaille au dos de la pièce, à l'endroit où il faudra la retourner puis rembourrer. Fermez l'entaille au point de surjet.

- Pliez chaque morceau de tissu endroit contre endroit puis tracez les contours du patron à l'aide d'un pochoir, n'oubliez pas de reporter les repères des ouvertures.
- Piquez le long du trait de couture en laissant les ouvertures prévues pour retourner la pièce ou pour placer les oreilles (ill. 1).
- Coupez les pièces en laissant un surplus de couture de 3 mm environ, et 5 mm au niveau des ouvertures (ill. 2).
- Faites quelques entailles au niveau de l'intérieur des arrondis.
- Retournez la pièce sur l'endroit, placez les oreilles puis assemblez-les à la tête au point glissé. Rembourrez ensuite avec de la fibre synthétique, (ill. 3).
- Fermez l'ouverture au point glissé.

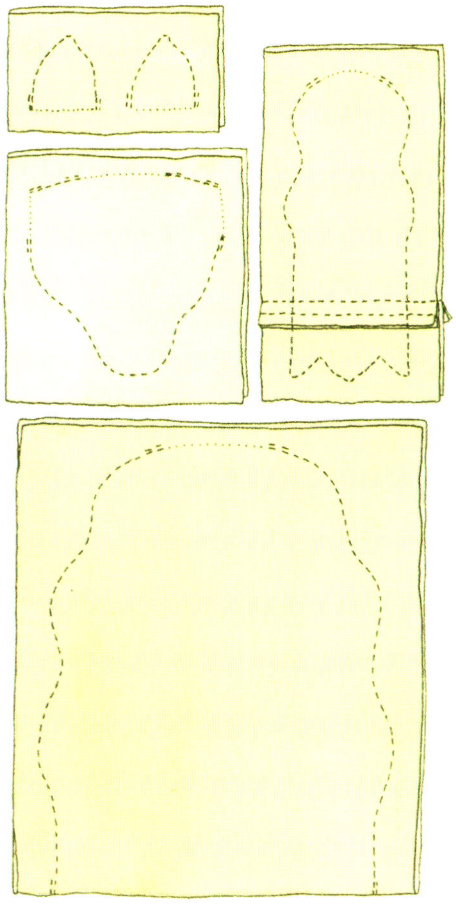

1

2

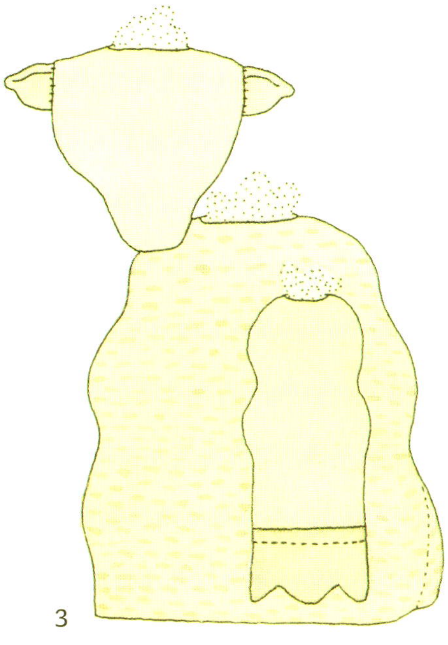

3

Attache pliée

- Coupez la bande en suivant les mesures indiquées.
- Repliez la bande comme indiqué en 1a, puis repassez au fer pour marquer le pli.
- Piquez à 2 mm du bord (ill. 1b).

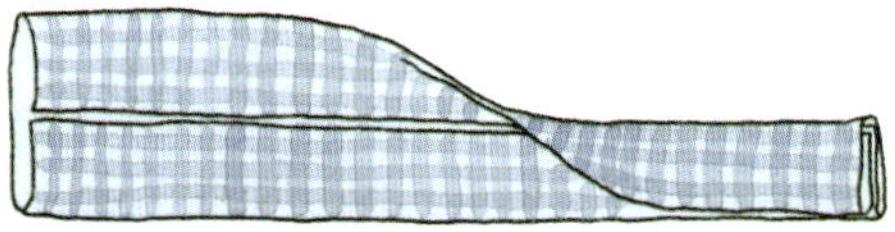

1a

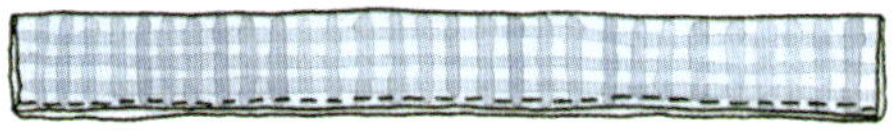

1b

Coudre une fermeture à glissière

La fermeture à glissière doit être au moins aussi longue que le ou les morceaux de tissus sur lesquels elle sera appliquée ; l'idéal est qu'elle soit plus longue, la partie superflue sera coupée une fois que la fermeture sera cousue.

- Placez la fermeture à glissière endroit contre endroit sur le tissu et piquez à une largeur de pied machine, (ill. 1).
- Retournez sur l'endroit puis surpiquez à 3-4 mm de la fermeture (ill. 2).
- Placez la fermeture à glissière endroit contre endroit sur l'autre morceau de tissu (ill. 3), puis piquez à une largeur de pied machine.
- Surpiquez (ill. 4).

Coussin de garnissage

Si vous ne trouvez pas de coussin de garnissage aux dimensions du modèle, vous pouvez le fabriquer en suivant ces instructions :

- Coupez le tissu aux mesures indiquées sur le modèle ou calculez les dimensions suivant cette règle : longueur x 2 + 1, 5 cm, largeur + 1,5 cm.
- Pliez le tissu endroit contre endroit puis piquez à une largeur de pied machine (ill. 5). Laissez une ouverture de 12 cm de longueur environ.
- Rembourrez le coussin avec de la fibre synthétique puis fermez l'ouverture au point glissé.

1

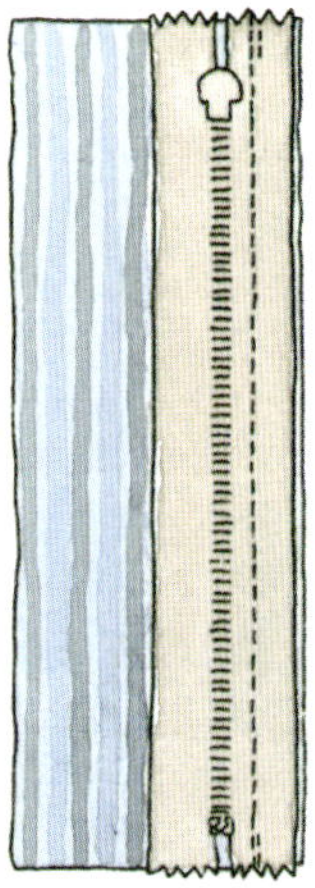

2

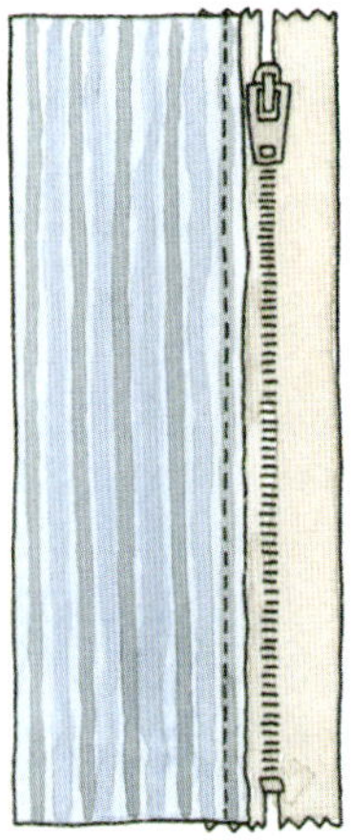

3

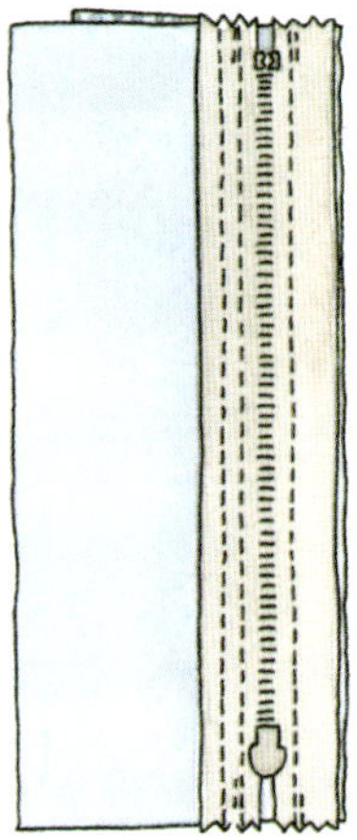

4

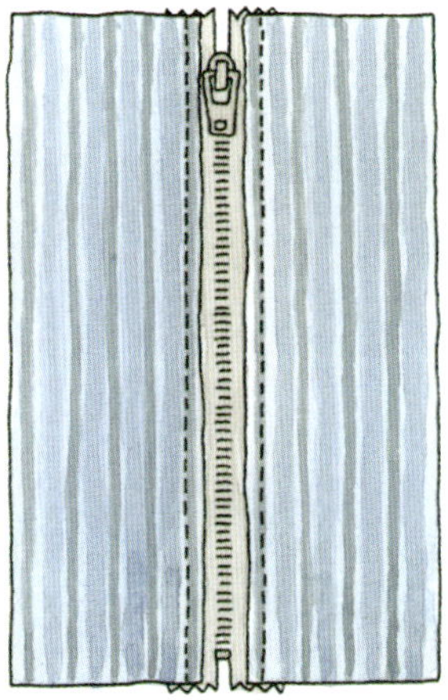

5

Point glissé

On l'utilise pour assembler par exemple les deux parties d'une ouverture. Piquez de droite à gauche (ill. 1).

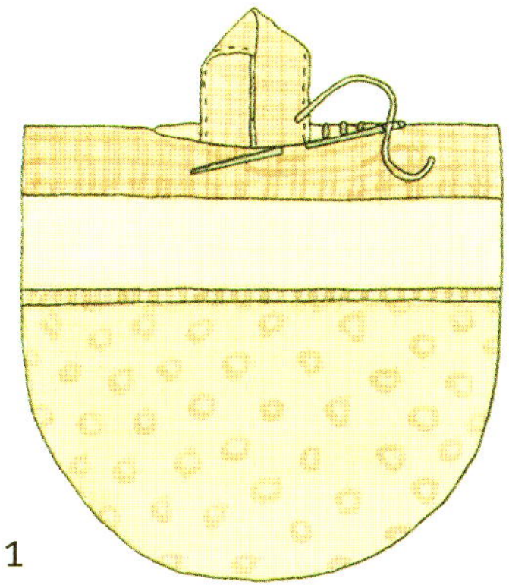

1

Point d'ourlet

Ce point rappelle le point glissé, mais il doit être pratiquement invisible. Le but est de placer le point sous la pièce appliquée (ill. 2).

2

Point de surjet

On l'utilise pour unir deux bords (ill. 3).

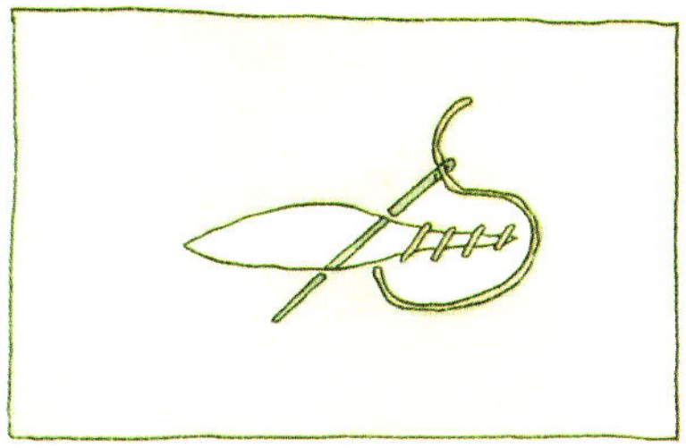

3

Point droit et point de quilting

Ces deux points se cousent de droite à gauche. Le point droit est utilisé dans ce livre pour ajouter des détails sur les objets et les personnages, on le coud sur une seule épaisseur de tissu.
Le point de quilting est un point droit piqué à travers la face avant, le molleton intérieur et la face arrière d'une pièce. Le point est visible alternativement sur chacune des deux faces (ill. 4).

4

Point de nœud

La plupart des animaux de ce livre ont des yeux cousus au point de nœud. La grosseur du point dépend du nombre de fois que le fil est enroulé autour de l'aiguille. Piquez l'aiguille très près du point de départ du nœud, veuillez à serrer le fil avant d'enfoncer l'aiguille dans le tissu (ill. 5).

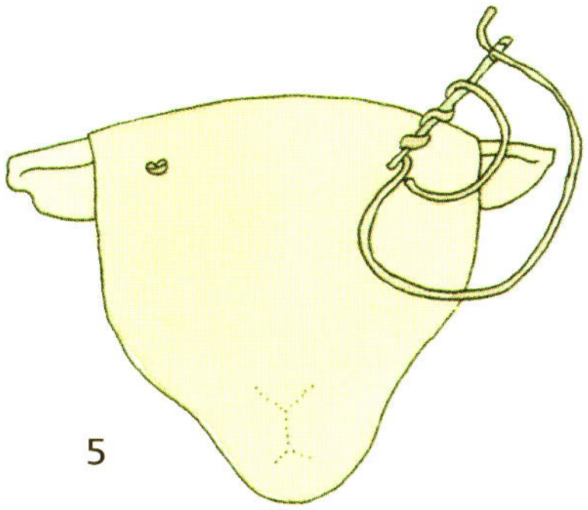

5

Point arrière

On l'utilise pour ajouter des détails sur les objets. Piquez l'aiguille derrière le point de sortie du fil (ill. 6).

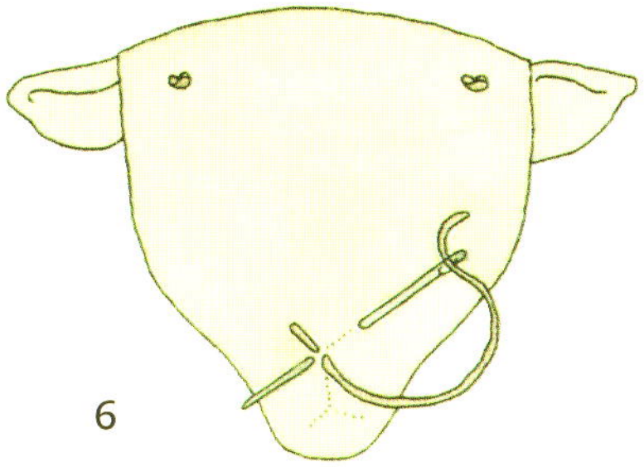

6

Noé et sa femme

Ces deux personnages sont cousus à partir du même patron, mais ils sont vêtus différemment. Noé est en habit de travail et porte sous le bras un modèle réduit de l'arche ; les instructions pour réaliser le personnage de madame Noé figurent à la suite.

Allongez les pièces du patron comme il est indiqué, le corps des personnages mesure 90 cm de longueur. Pour favoriser l'équilibre, confectionnez une petite poche que vous remplissez de billes de plastique puis placez-la dans le bas du corps.

Noé

Le patron figure à la page 23.

Fournitures

tissu de couleur chair pour le corps et les bras, 35 x 45 cm
tissu pour le caleçon long, 45 x 60 cm
tissu pour les bottes, 10,5 x 45 cm
tissu pour la poche de billes, 12 x 20 cm
fibre synthétique, billes de plastique

- Reproduisez les pièces du patron à taille réelle.
- Dans le tissu de couleur chair, découpez un morceau de 23 x 30 cm, et dans le tissu pour le caleçon, découpez un morceau de 20 x 23 cm.
- Assemblez les deux morceaux, endroit contre endroit, le long du côté mesurant 23 cm.
- Repliez le surplus de couture vers le le bas, puis surpiquez.

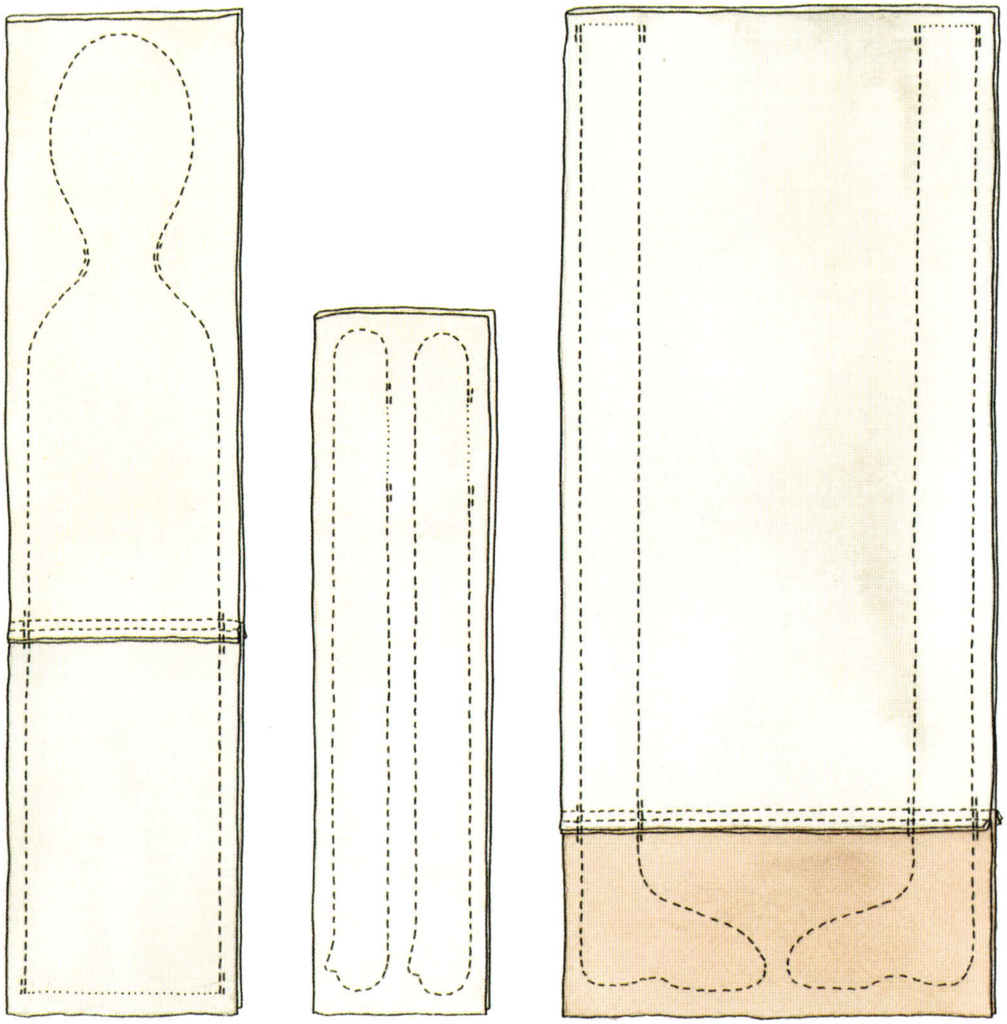

1

- Pliez le tout endroit contre endroit, dessinez les contours du corps sur la pièce assemblée, puis piquez en suivant le trait et en laissant une ouverture en bas du corps (ill.1).

- Découpez le corps en laissant un surplus de couture de 3 mm, même le long de l'ouverture, puis retournez sur l'endroit.
- Pliez le reste du tissu de couleur chair endroit contre endroit, de sorte que le côté le plus court soit divisé en deux.
- Dessinez les contours de deux bras puis piquez en suivant le trait et en respectant l'ouverture indiquée sur le patron (ill. 1 p. 12).
- Coupez les bras en laissant un surplus de couture de 3 mm, élargissez le surplus à 5 mm au niveau de l'ouverture, puis retournez sur l'endroit.
- Piquez ensemble le tissu pour les bottes et le reste du tissu pour le caleçon endroit contre endroit, repliez le surplus de couture vers le bas puis surpiquez.
- Pliez le tout endroit contre endroit, dessinez les contours de deux jambes puis piquez en suivant le trait et en laissant une ouverture sur le haut des jambes (ill. 1 p. 12).
- Coupez les jambes en laissant un surplus de couture de 3 mm, même le long de l'ouverture, puis retournez sur l'endroit.

2a

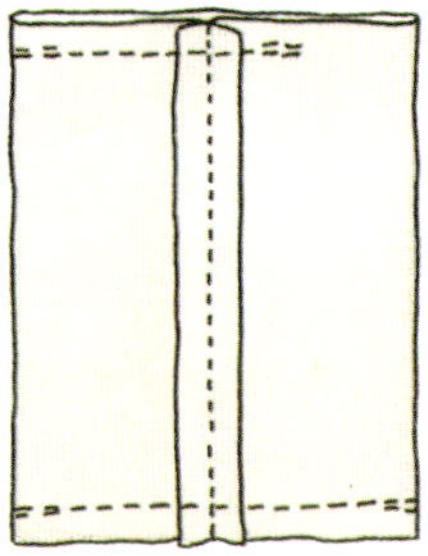

2b

- Rembourrez généreusement les bras et les jambes avec de la fibre synthétique sur des longueurs respectives de 12 et 17 cm, puis continuez le rembourrage plus souplement.
- Piquez l'ouverture des bras au point glissé et quiltez les doigts en suivant les repères figurant sur le patron.
- Piquez la poche à billes en laissant une ouverture (ill. 2a et 2b), retournez sur l'endroit, remplissez la poche de bille de plastique puis fermez l'ouverture au point glissé.
- Placez les jambes endroit contre endroit sur la face avant du corps, piquez à une largeur de pied machine le long de la bordure inférieure du corps, puis repliez le surplus en suivant la couture.
- Rembourrez le corps très fermement, veillez notamment à ce que le cou soit bien rigide. Laissez de l'espace pour placer la poche de billes.
- Repliez l'ourlet du corps sur l'envers puis piquez l'ouverture au point glissé.

Pantalon

Le patron figure à la page 24.

Fournitures

tissu, 60 x 60 cm

- Dessinez les contours de 2 poches avant et 2 poches arrière.
- Coupez les poches en laissant un surplus de couture de 3 mm, retournez sur l'endroit et surpiquez.

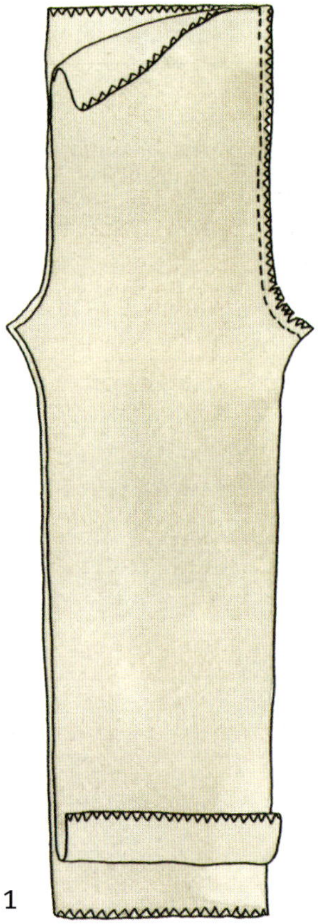

1

- Reproduisez le patron à taille réelle.
- Coupez 2 jambes de pantalon dans la pliure en suivant les repères du patron.
- Placez les jambes endroit contre endroit, piquez le milieu devant, faites quelques entailles au niveau de l'arrondi puis surfilez les bords ensemble.
- Surfilez chacun des bords des pièces, en haut et en bas (ill. 1).

- Pour confectionner les poches, coupez un morceau de tissu de 17 x 25 cm, puis pliez (ill. 2a et 2b).
- Pour confectionner l'attache, découpez un morceau de tissu de 3 x 7 cm, pliez puis piquez en suivant les instructions page 10.
- Placez les poches avant à 5 cm du bord du pantalon et à 7, 5 mm du milieu devant.
- Placez les poches arrières à 5 cm du bord du pantalon et à 1 cm du milieu dos.
- Placez l'attache entre une poche avant et une poche arrière (ill. 3).
- Piquez les poches à 1-2 mm du bord.
- Repliez la ceinture et les bords du pantalon sur 2 cm, repassez, puis ouvrez les plis.
- Placez les jambes du pantalon endroit contre endroit, piquez puis surfilez le milieu dos comme pour le milieu devant.
- Repliez les plis de la ceinture et des bords puis piquez 2 fois (ill. 4).
- Placez le milieu devant sur le milieu dos endroit contre endroit puis faites la couture intérieure. Faites quelques entailles au niveau de l'arrondi puis surfilez les bords ensemble.
- Retournez sur l'endroit et enfilez le pantalon au corps. Plissez légèrement la ceinture du pantalon pour l'adapter au tour de taille puis fixez la au corps par une couture au point glissé.

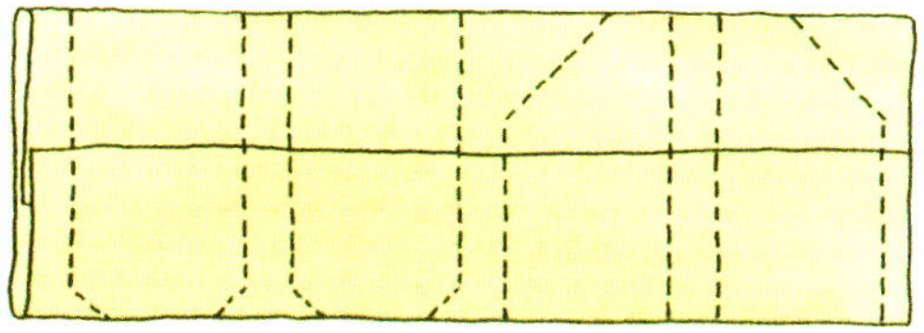
2a

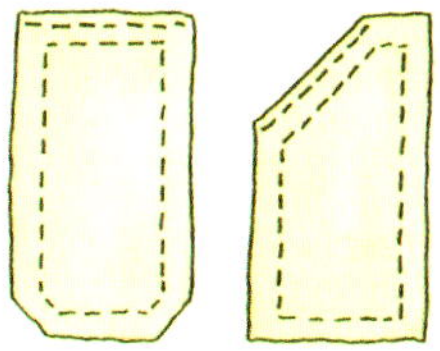
2b

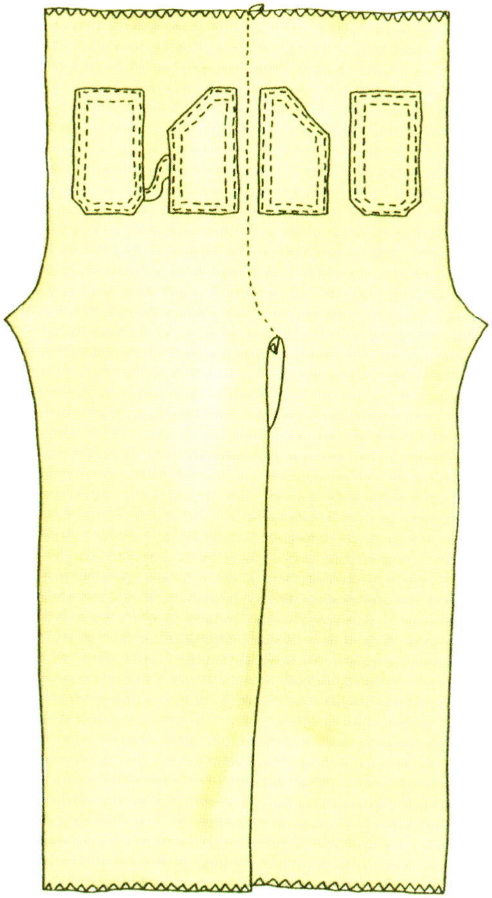
3

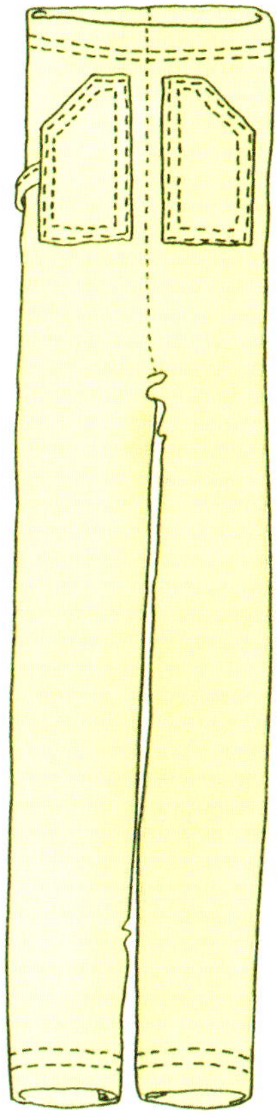
4

Chemise

Le patron figure aux pages 24-25.

Fournitures

tissu, 28 x 90 cm
5 à 6 boutons pour la fermeture
2 boutons pour les bras

- Reproduisez les pièces du patron à taille réelle.
- Coupez deux pièces devant dans la pliure et une pièce dos dans la pliure également.
- Pliez le reste du tissu en deux et dessinez les contours de deux manches.
- Piquez les pièces devant ensemble, au niveau du bas et de l'encolure (ill. 1a).
- Coupez les surplus de couture à 3 mm, retournez sur l'endroit puis surpiquez à 5-7, 5 mm du bord (ill. 1b).
- Surfilez la bas de la pièce dos, repliez sur l'envers à 7,5 mm et surpiquez.
- Faites un rentré de couture de 7, 5 mm le long de l'encolure et faites 7 à 8 entailles jusqu'à la limite du marquage.
- Repassez le rentré de couture sur l'envers puis surpiquez (ill. 2).
- Placez les pièces devant endroit contre endroit sur le dos de la chemise, piquez les côtés puis coupez en laissant un surplus de couture de 4 mm.
- Surfilez les bords ensemble (ill. 3).
- Placez les repères de 5 à 6 boutons le long du milieu devant, enfilez la chemise à Noé puis cousez les boutons en piquant à travers les deux pièces devant.
- Piquez les manches en suivant le trait, coupez en laissant un surplus de couture de 4 mm puis surfilez éventuellement les bords ensemble.
- Tracez une ligne de pli à 4,5 cm du bord de chaque manche (ill. 4).
- Retournez sur l'endroit puis repliez sur la ligne, à 4,5 cm du bord.
- Retroussez les manches et maintenez les plis par un point glissé.
- Enfilez les manches aux bras et fixez-les au corps avec les boutons, cousez les boutons ensemble, de part en part des deux bras (ill. 5).

1a 1b 2 3 4 5

Gilet

Le patron figure à la page 25.

Fournitures

tissu, 20 x 75 cm
2 boutons

- Coupez 2 pièces dos dans la pliure et 4 pièces devant selon le patron.
- Placez 2 pièces devant endroit contre endroit sur 1 pièce dos, piquez les bords et ouvrez les coutures au fer à repasser. Répétez avec les autres pièces.
- Placez les deux vestons endroit contre endroit et piquez (ill. 1).
- Coupez les surplus de couture à 3 mm et faites de petites entailles au niveau de l'encolure et des emmanchures ainsi que dans la fente du dos.
- Retournez sur l'endroit, placez les épaules endroit contre endroit, pliez la doublure des pièces devant vers le bas puis piquez à une largeur de pied machine à travers les 3 épaisseurs de tissu (ill. 2).
- Rentrez les 3 épaisseurs à l'intérieur du gilet.
- Repliez le surplus de couture de la doublure sur l'envers, de sorte que la couture soit soigneusement dissimulée, puis piquez les épaules au point glissé (ill. 2).
- Retournez le veston sur l'endroit et surpiquez si vous le souhaitez le long du bord (ill. 3).
- Cousez 2 boutons sur l'une des pièces devant en suivant les repères du patron et faites des boutonnières sur l'autre pièce devant.

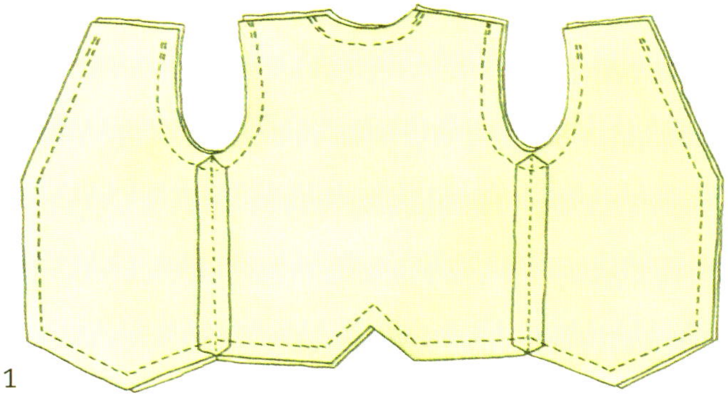
1

2

3

Béret

Le patron figure à la page 25.

Fournitures

feutre, 8,5 x 17 cm

- Pliez le feutre endroit contre endroit et reportez les 2 cercles sur la partie supérieure.
- Découpez le petit cercle puis piquez au travers des 2 épaisseurs en suivant le trait du grand cercle (ill. 1).
- Coupez en laissant un surplus de couture de 3 mm et retournez sur l'endroit.
- Confectionnez une petite pointe avec une bandelette de feutre puis fixez-la au centre du béret.
- Placez le sur la tête de Noé, ajoutez quelques brins de fil sous la bordure pour imiter les cheveux, puis piquez le à la tête au point glissé. Coupez les cheveux à la longueur désirée.
- Cousez les yeux au point de nœud et la bouche au point droit ou au point arrière.

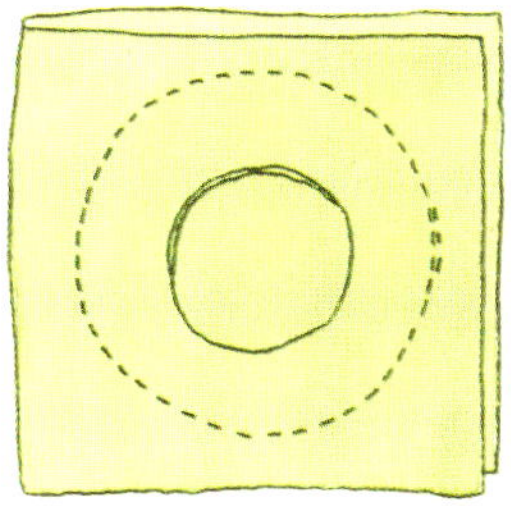
1

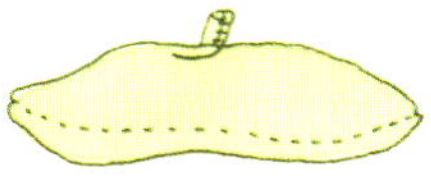

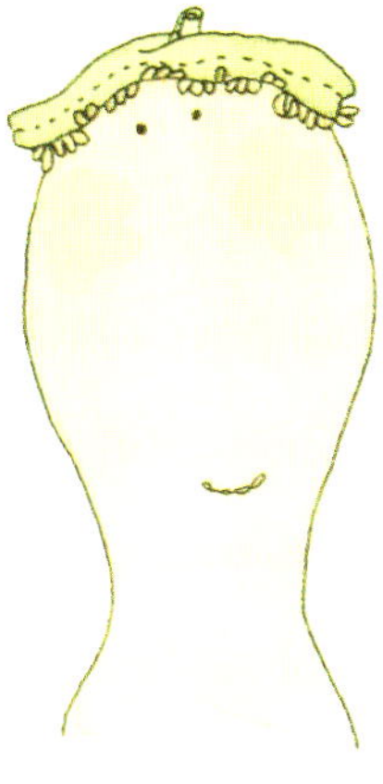

Arche

L'arche, ici modèle de Noé, peut également servir de coussin pique-aiguilles ou de jouet pour les jeunes enfants, remplissez-la dans ce cas de billes de plastique jusqu'à mi-hauteur pour lui donner du poids et de la stabilité.

Une fois cousue, l'arche mesure 12 x 14 cm environ. Le patron figure à la page 26.

Fournitures

tissu pour le pont, 6,5 x 16 cm
tissu pour les cabines, 2 coupons de 4,5 x 16 cm
tissu pour la coque, 2 coupons de 10 x 16 cm
viseline volumineuse, 16 x 30
tissu pour le bastingage, 2 x 31 cm
5 boutons pour les hublots
fibre synthétique
15 cl environ de billes de plastique (facultatif)

- Piquez les bandes de tissu des cabines et la bande de tissu du pont endroit contre endroit, (ill. 1), puis repassez au fer les surplus de couture vers le haut.
- Piquez les bandes de tissu de la coque et la bande de tissu des cabines endroit contre endroit en laissant une ouverture (ill. 2).
- Ouvrez les coutures au fer à repasser.
- Divisez la viseline en 2 morceaux mesurant 9,5 x 16 cm et 20,5 x 16 cm puis appliquez-les au fer contre l'envers de l'assemblage précédent (ill. 3).
- Surpiquez la couture du pont.
- Pliez le tout en deux, endroit contre endroit, reproduisez la pièce du patron puis piquez en suivant le trait (ill. 4).
- Coupez l'arche en laissant un surplus de couture de 3 mm, puis retournez sur l'endroit.
- Rembourrez l'arche avec de la fibre synthétique, puis remplissez le fond de billes de plastique pour la stabiliser.
- Piquez l'ouverture au point glissé.
- Confectionnez le bastingage (ill. 5) puis placez-le sur la couture des cabines et de la coque. Appliquez le bastingage.
- Cousez enfin les boutons pour figurer les hublots.

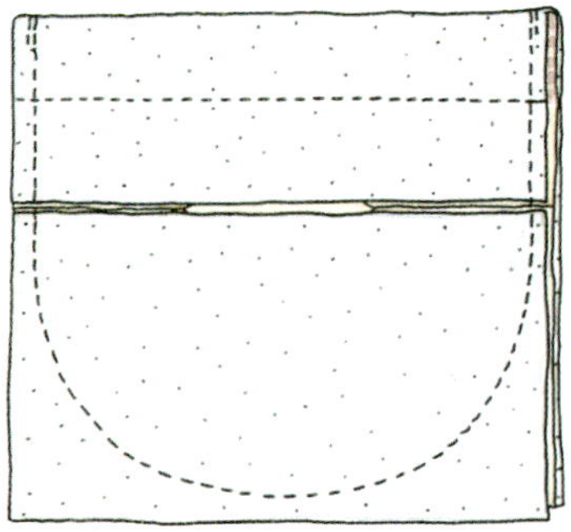
4

5

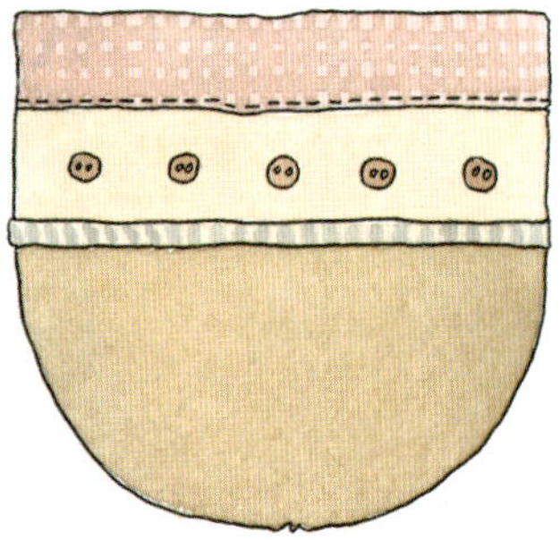

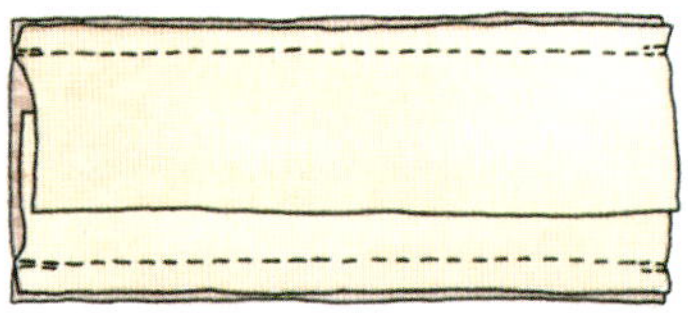
1

2

3

Madame Noé

Madame Noé, qui pour l'occasion a revêtu ses plus beaux habits, est réalisée à partir du même patron que Noé. Cependant, elle porte des chausses et le mode d'assemblage des vêtements varie.

Le patron figure à la page 23.

Fournitures

tissu de couleur chair pour le corps, les bras et les jambes, 45 x 75 cm
tissu pour le chemisier, 23 x 65 cm
tissu pour les chausses, 20 x 35 cm
tissu pour les chaussures, 7,5 x 45 cm
tissu pour la poche de billes, 12 x 20 cm
fibre synthétique
billes de plastique
fil à broder pour les cheveux

- Tracez les pièces du patron à taille réelle.
- Coupez un morceau de tissu de couleur chair de 23 x 30 cm et un de 20 x 23 cm dans le tissu des chausses.
- Piquez les morceaux ensemble endroit contre endroit sur le côté de 23 cm.
- Repliez le surplus de couture vers le bas, et surfilez.
- Pliez le tout endroit contre endroit puis dessinez les contours du corps.
- Piquez en suivant le trait et respectez l'ouverture située en bas (ill. 1 p. 12).
- Coupez le corps en laissant un surplus de couture de 3 mm partout puis retournez sur l'endroit.
- Coupez un morceau de tissu de couleur chair de 10 x 20 cm et un de tissu du chemisier de 20 x 26 cm puis piquez-les ensemble endroit contre endroit sur le côté de 20 cm. Mettez de côté le reste du tissu du chemisier, il servira à confectionner un ensemble chemisier/veste (voir p. 21).
- Repliez le surplus de couture vers le haut, contre le tissu du chemisier, puis surfilez (ill. 1).
- Pliez le tout endroit contre endroit, dessinez les contours de deux bras puis piquez en suivant le trait et en laissant l'ouverture indiquée sur le patron.
- Coupez les bras avec un surplus de couture de 3 mm (5 mm au niveau de l'ouverture) et retournez sur l'endroit.
- Coupez un morceau de tissu de couleur chair de 43 x 45 cm puis piquez endroit contre endroit avec le tissu des chaussures sur le côté de 45 cm.
- Repliez le surplus de couture vers le bas puis surpiquez.
- Pliez le tout endroit contre endroit, tracez les contours des 2 jambes puis piquez en suivant le trait et en laissant une ouverture sur le haut (ill. 1 p. 12).
- Coupez les jambes en laissant un surplus de couture de 3 mm partout.
- Coupez deux chausses de 10 x 10,5 cm.
- Surfilez un des deux bords les plus longs (ill. 2a) et repliez à 1,5 cm du bord sur l'envers puis piquez.
- Pliez chaque chausse endroit contre endroit (ill. 2b).
- Piquez à une largeur de pied machine puis surfilez les bords ensemble.
- Retournez sur l'endroit. Confectionnez une 2ème chausse identique.
- Enfilez les chausses sur les jambes (ill. 3).

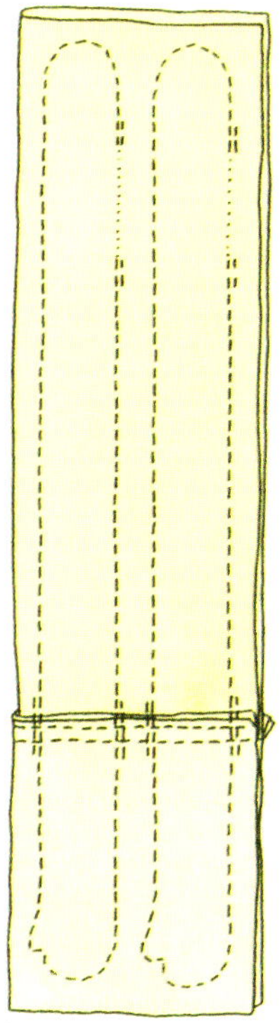

1

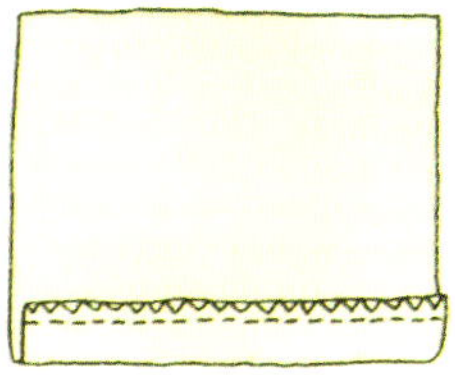

2a

2b

3

- Confectionnez une poche de billes (voir p. 14 ill. 2a et 2b).
- Rembourrez généreusement les bras et les jambes avec de la fibre synthétique jusqu'à 12 et 17 cm de longueurs respectives, puis continuez le rembourrage souplement.
- Piquez les ouvertures des bras au point glissé puis quiltez les doigts en suivant les repères du patron.
- Placez les jambes endroit contre endroit sur l'avant du corps, piquez à une largeur de pied machine le long de la bordure inférieure du corps puis repliez le surplus en suivant la couture.
- Rembourrez très fermement le corps en veillant à ce que la nuque soit bien rigide (garder de la place pour la poche de billes).
- Repliez la bordure de l'ouverture du corps puis piquez au point glissé.
- Ajoutez les yeux au point de nœud et la bouche au point avant ou arrière.
- Coupez 20 à 25 longueurs de fil à broder de 35 cm puis cousez-les en couronne sur le haut de la tête (ill. 4). Utilisez la technique du nœud coulant : pliez chaque longueur en deux et faites ressortir les deux extrémités dans la boucle formée.
- Plaquez les cheveux sur l'arrière de la tête, piquez un rang de point arrière (ill. 5). Tressez les cheveux si vous le souhaitez puis nouez-les en chignon.
- Fixez le chignon avec un fil de même coloris que celui des cheveux.

Jupe

Fournitures
tissu, 52 x 55 cm
élastique pour la coulisse

- Surfilez les bords du tissu puis repassez sur l'envers un rentré de couture de 3 cm sur le haut du coupon et de 2 cm sur le bas ; ainsi le coupon mesure désormais 47 x 55.
- Ouvrez les rentrés de couture, pliez le coupon endroit contre endroit, piquez au niveau du milieu dos puis ouvrez la couture au fer.
- Repliez le bord haut puis piquez deux fois, en laissant un espace de 1,5 cm pour former la coulisse. Laissez une petite ouverture sur la couture inférieure pour pouvoir y glisser l'élastique (ill. ci-contre).
- Pliez puis piquez le bord bas.
- Glissez l'élastique dans la coulisse.

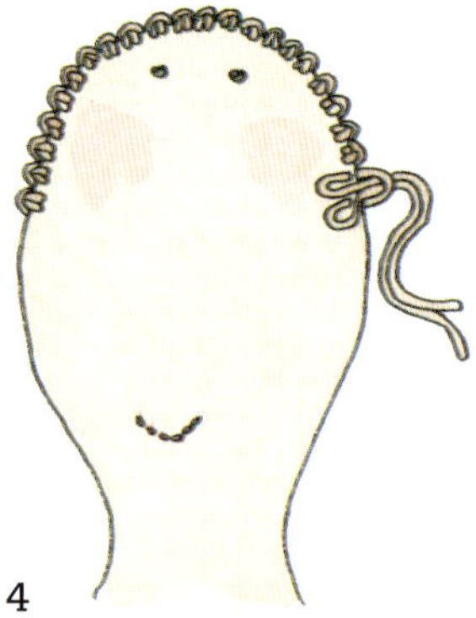
4

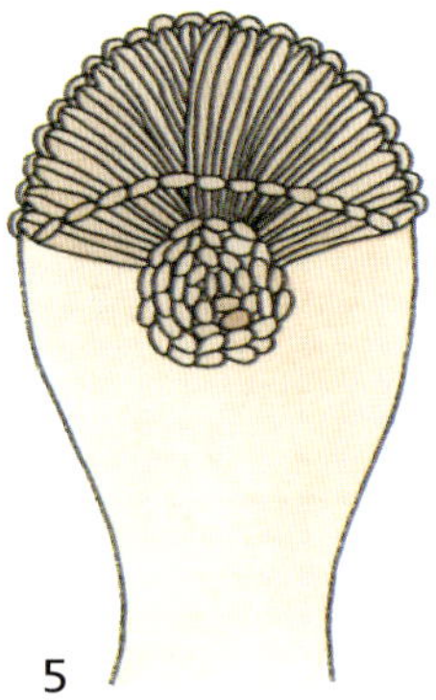
5

Chemisier/veste

Voici les instructions pour la confection d'une veste au dessous de laquelle se dissimule un faux chemisier.

Le patron figure aux pages 24-25.

Fournitures

tissu pour la veste 50 x 55 cm
4 à 5 boutons pour la fermeture
2 boutons pour les manches.

- Reproduisez les pièces du patron à taille réelle.
- Pliez le restant du tissu pour la chemise (utilisé pour la réalisation du corps) endroit contre endroit puis coupez deux pièces devant dans la pliure comme indiqué sur le patron.
- Piquez le long de l'encolure et au niveau du bord bas à une largeur de pied machine, puis coupez en laissant un surplus de couture de 3 mm (ill. 1a p. 16).
- Retournez endroit contre endroit puis surpiquez si vous le souhaitez le long des bords.
- Marquez le placement de 4 à 5 boutons le long du milieu devant (ill. 1b p. 16).
- Coupez en suivant les indications 2 pièces devant dans le tissu pour la veste, en ignorant les repères pour les boutons.
- Coupez une pièce dos dans la pliure du tissu pour la veste, surfilez le bord bas, faites un rentré de couture de 7,5 mm sur l'envers puis piquez.
- Faites un rentré de couture le long de l'encolure, puis faites cinq à six entailles jusqu'à la limite du pli.
- Repassez le rentré de couture sur l'envers puis surpiquez (ill. 2 p. 16).
- Placez les pièces devant de la veste endroit contre endroit sur la pièce dos puis les pièces devant du chemisier sur l'envers des pièces avant du chemisier.
- Piquez les bords, coupez en laissant un surplus de couture de 4 mm puis surfilez les bords ensemble (ill. 1).
- Retournez sur l'endroit, enfilez le vêtement à madame Noé puis cousez les boutons à travers les deux pièces devant du chemisier.
- Pour confectionner les manches, coupez un morceau de tissu pour la veste de 23 x 30 cm.
- Surfilez un des deux bords les plus longs, faites un rentré de couture de 1,5 cm sur l'envers puis piquez.
- Pliez le tissu endroit contre endroit (ill. 2) et dessinez les contours de deux manches puis piquez en suivant le trait.
- Coupez les manches en laissant un surplus de couture de 3 mm puis retournez sur l'endroit.
- Enfilez les manches aux bras puis fixez-les au corps avec les boutons, cousez les boutons ensemble de part en part des deux bras (ill. ci-dessous).

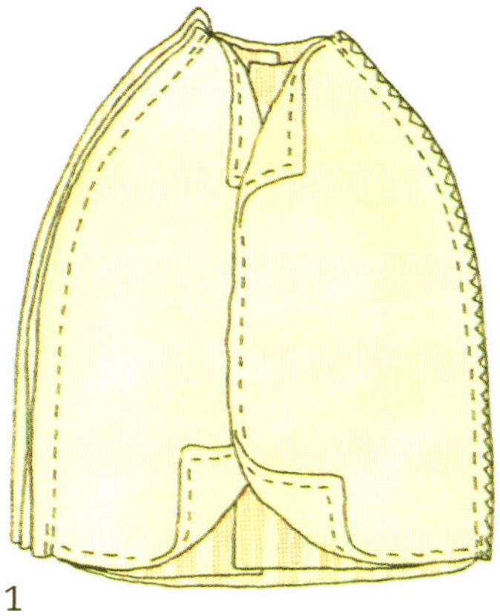

1

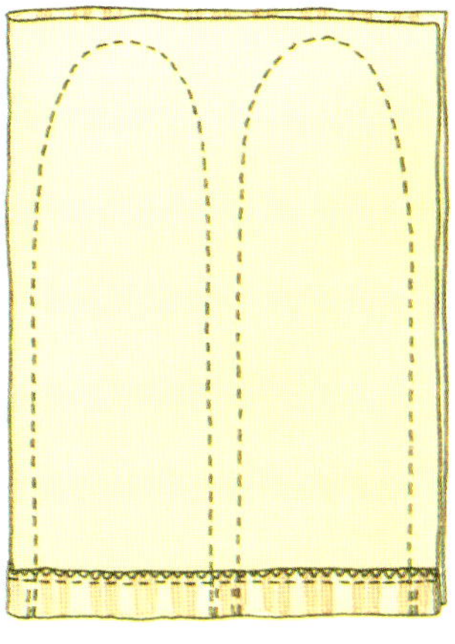

2

Colombe

La colombe, malgré sa petite taille, joue un rôle significatif dans l'histoire de l'Arche de Noé. Celle-ci mesure 7 x 12 cm environ.

Le patron figure à la page 26.

Fournitures

tissu pour le corps, 13 x 19 cm
tissu pour les ailes, 10 x 14 cm
tissu pour la queue, 7 x 9 cm
tissu pour le bec, 5 x 5 cm
entoilage souple (facultatif)
fibre synthétique
2 petites perles pour les yeux (facultatif)

- Repassez l'entoilage sur l'envers des tissu (facultatif).
- Pliez les tissus du corps, des ailes, et de la queue endroit contre endroit selon les patrons respectifs.
- Coupez le corps en laissant un surplus de couture de 1 cm (ill. 1).
- Faites un rentré de couture de 7,5 mm sur l'envers le long des bords du tissu pour le bec puis faufilez.
- Divisez en deux le tissu pour le bec, dans le sens diagonal, seul un des deux triangle sera utilisé.
- Placez le triangle du bec sur le corps (ill. 2) puis appliquez.
- Cousez les ailes et la queue en suivant la méthode de couture inversée expliquée p. 9, laissez l'ouverture prévue sur le patron.
- Retournez sur l'endroit puis piquez l'ouverture des ailes au point glissé.
- Quiltez les ailes et la queue sur 2 mm d'épaisseur puis rembourrez légèrement la queue de fibre synthétique.
- Placez les ailes (ill. 2) puis piquez.
- Pliez le corps endroit contre endroit puis piquez en suivant le trait du ventre de la colombe ; laissez une ouverture à l'endroit prévu sur le patron (ill. 3).
- Coupez en laissant un surplus de couture de 3 mm, élargissez le surplus à 5 mm le long de l'ouverture.
- Pliez le tout de sorte que la couture du ventre soit superposée au pli du dos (ill. 4).
- Placez la queue dans l'ouverture puis piquez à une largeur de pied machine.
- Coupez en laissant un surplus de couture de 3 mm.
- Retournez sur l'endroit, rembourrez fermement le corps de fibre synthétique puis fermez l'ouverture au point glissé.
- Ajoutez les yeux au point de nœud ou cousez de petites perles.

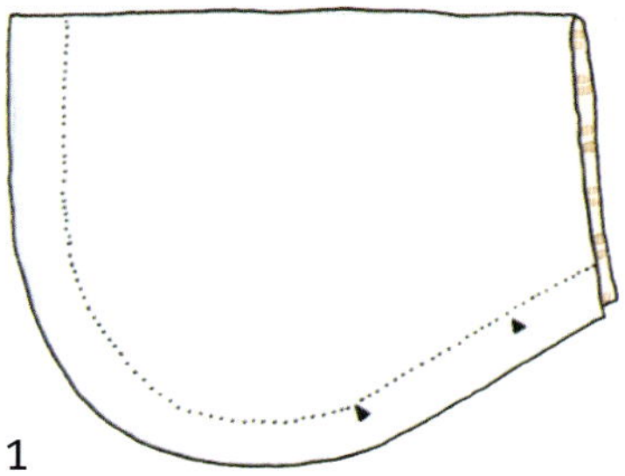
1

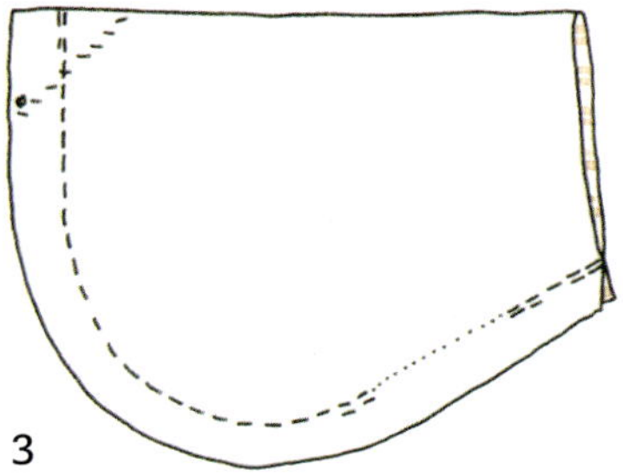
3

2

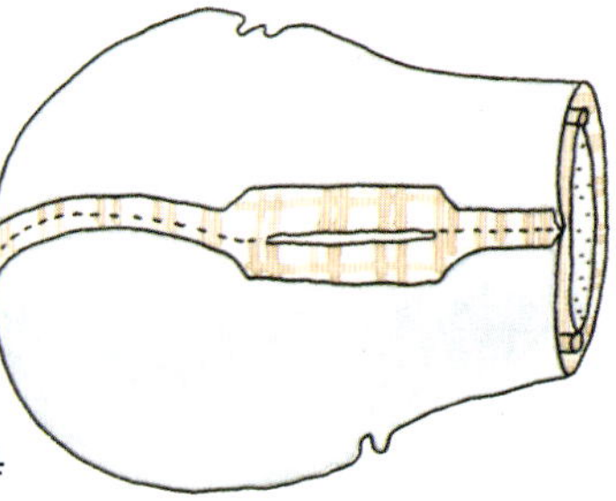
4

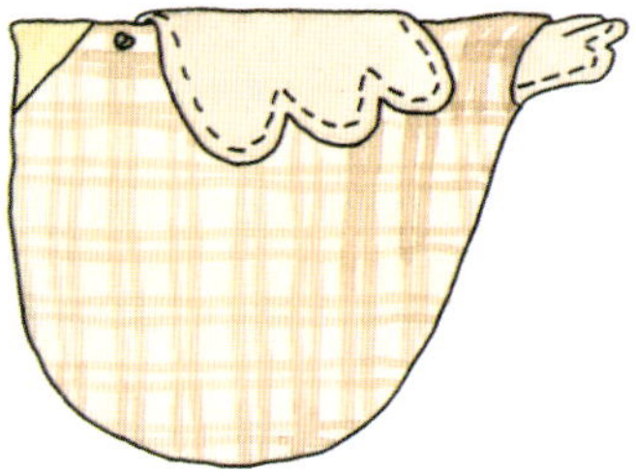

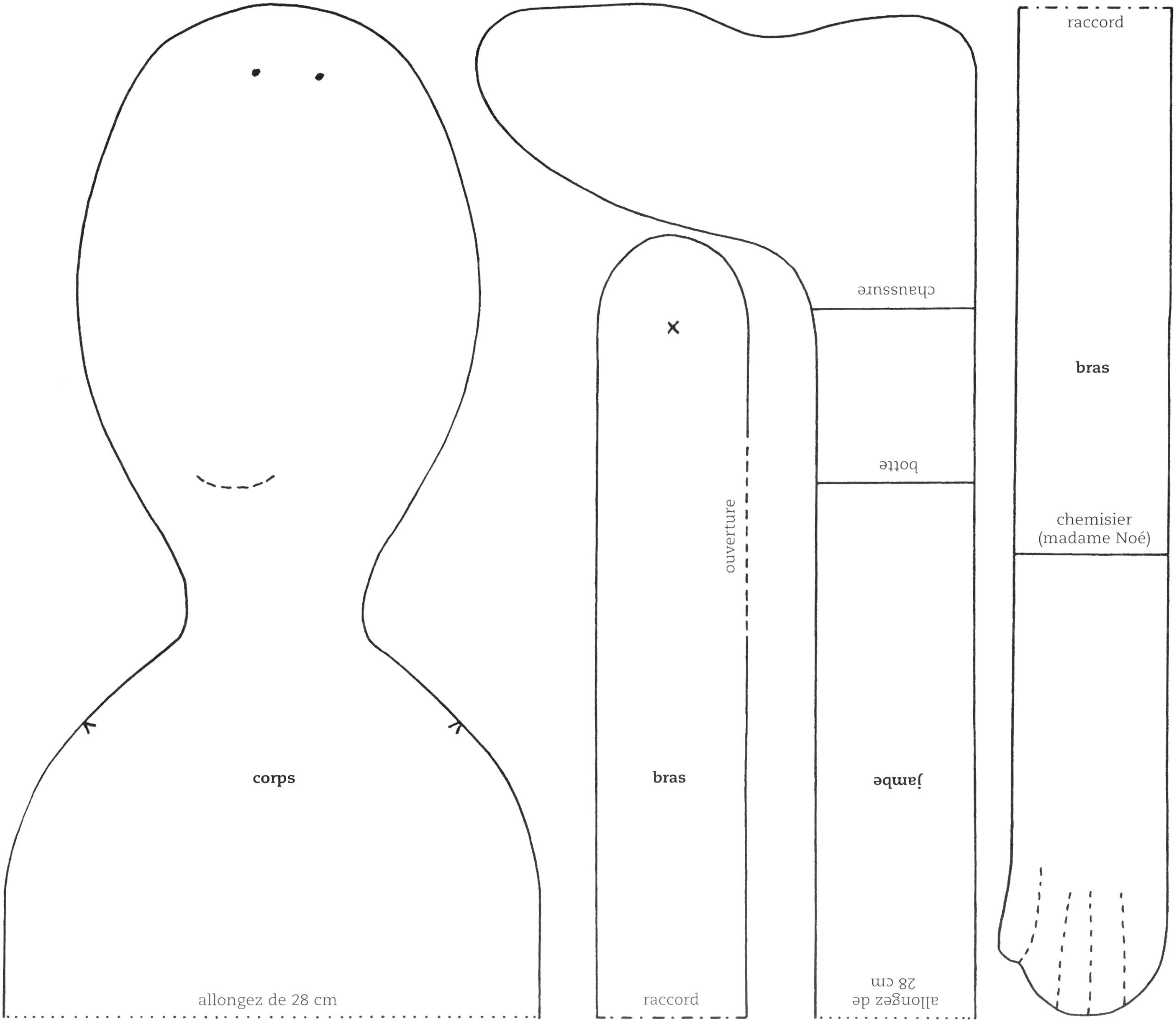
corps
allongez de 28 cm
bras
ouverture
raccord
chaussure
botte
jambe
allongez de
28 cm
raccord
bras
chemisier
(madame Noé)

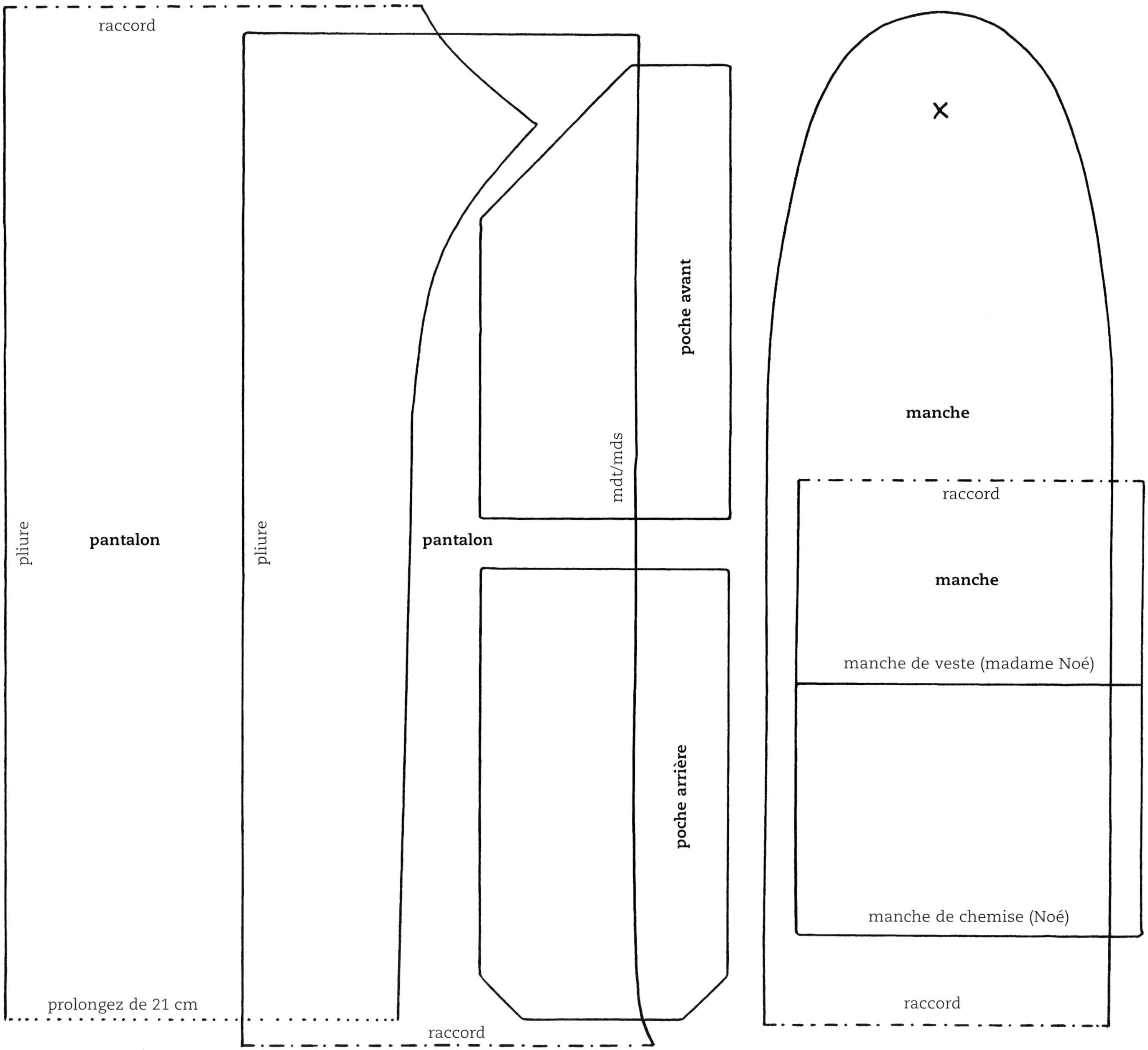
raccord
pliure
pantalon
pliure
pantalon
poche avant
mdt/mds
poche arrière
manche
raccord
manche
manche de veste (madame Noé)
manche de chemise (Noé)
raccord
prolongez de 21 cm
raccord

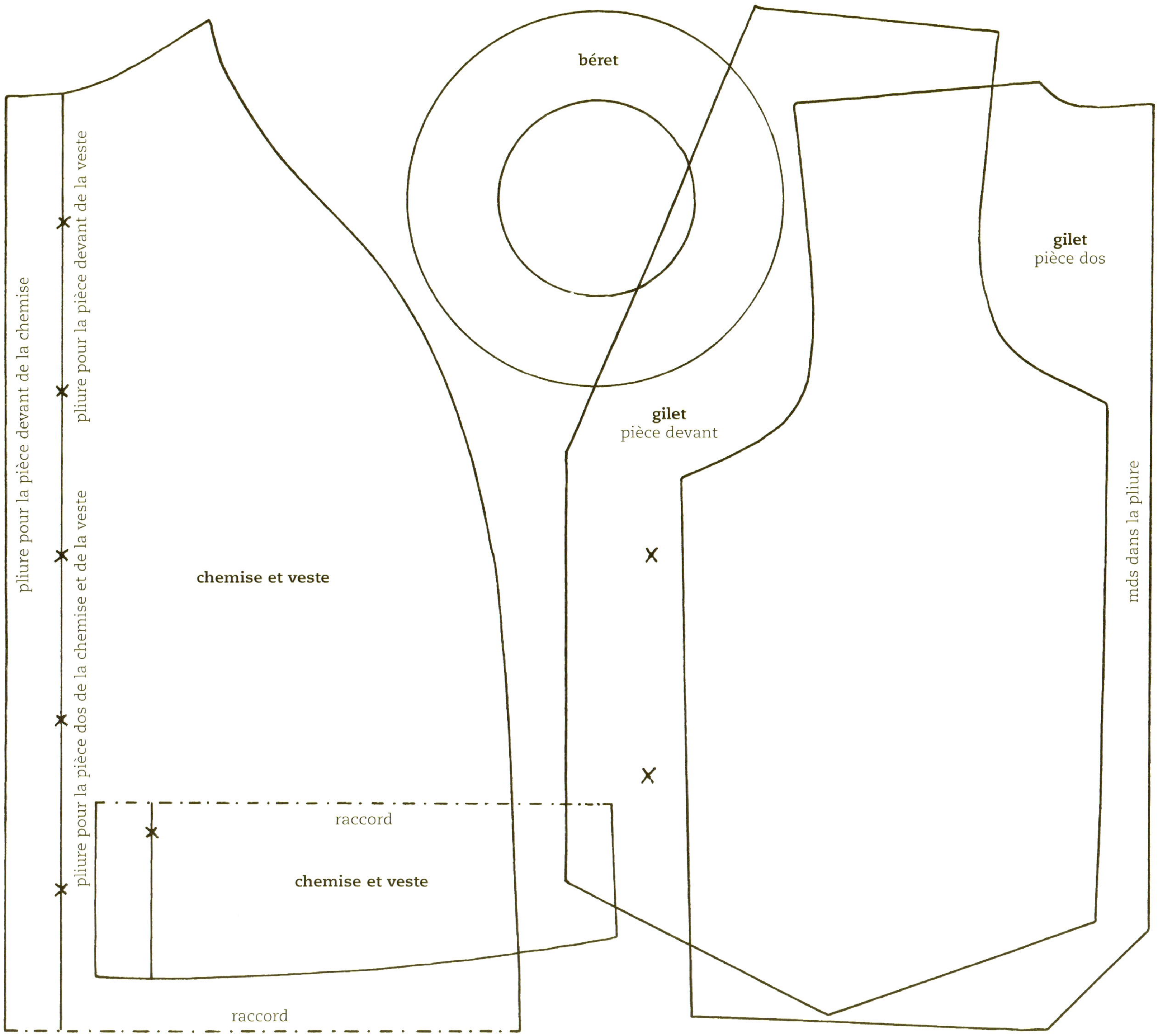
béret
gilet
pièce dos
gilet
pièce devant
mds dans la pliure
pliure pour la pièce devant de la chemise
pliure pour la pièce devant de la veste
pliure pour la pièce dos de la chemise et de la veste
chemise et veste
raccord
chemise et veste
raccord

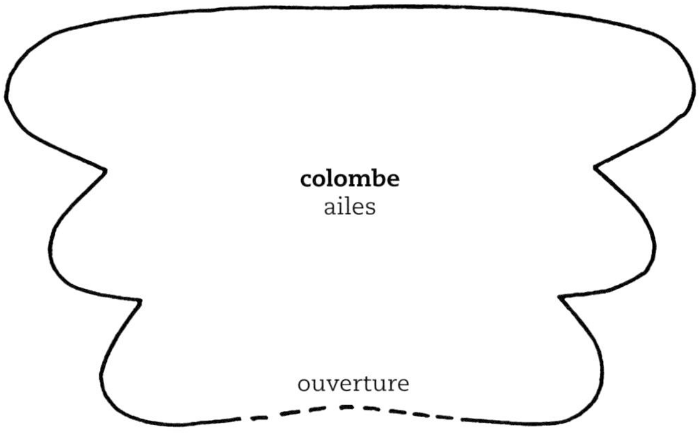

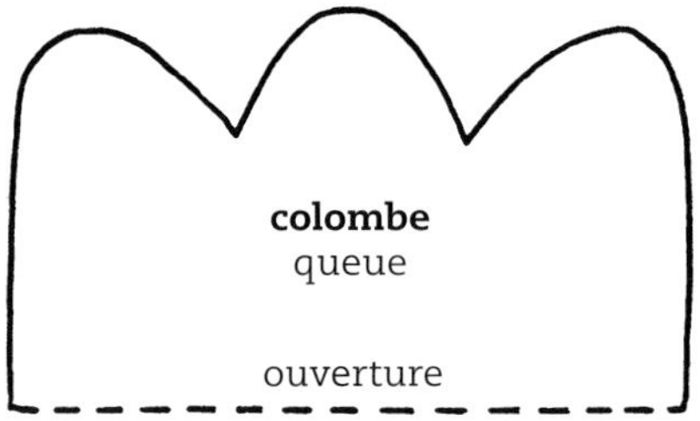

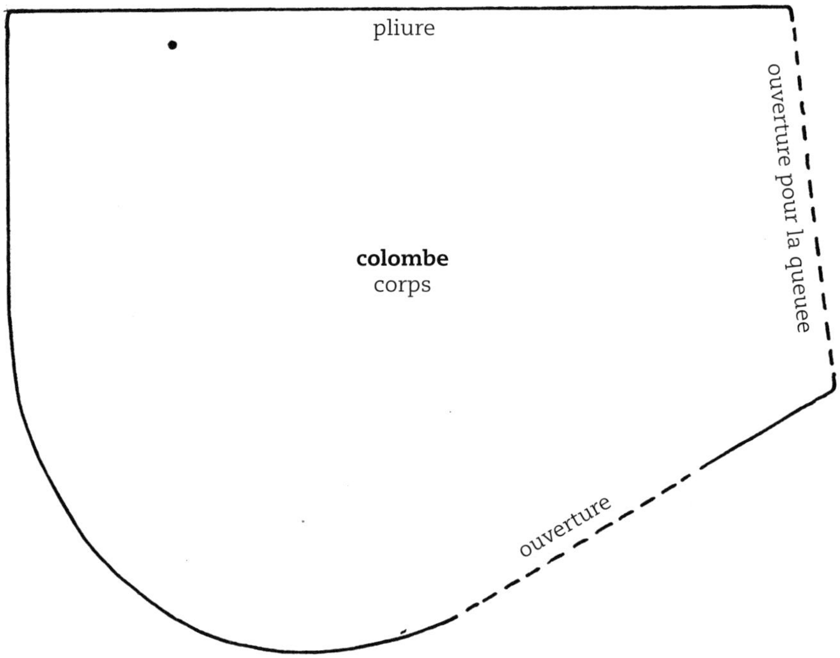

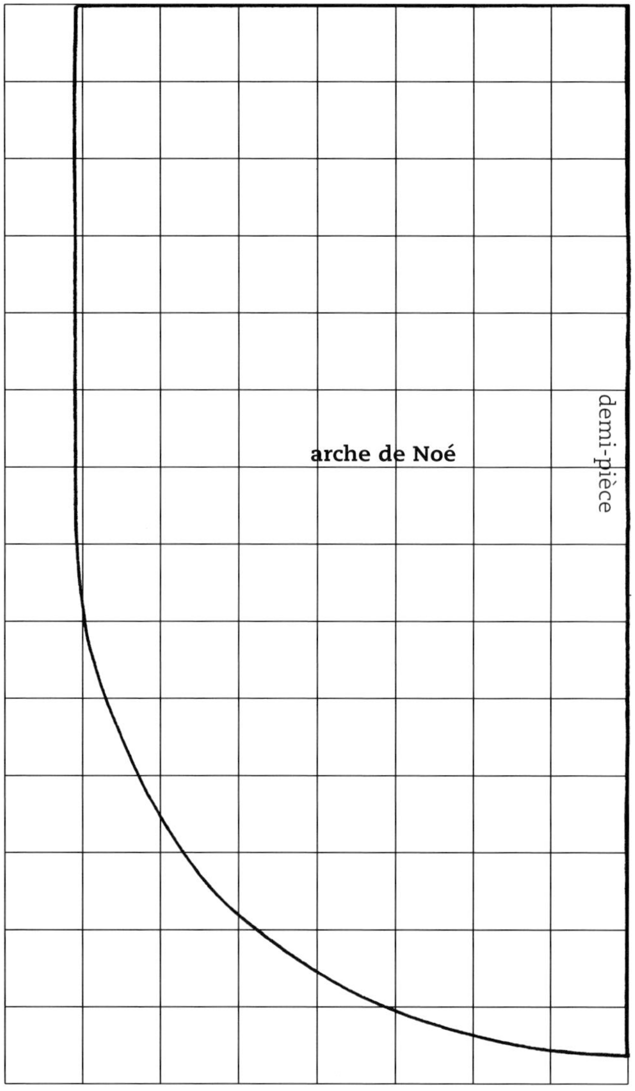

pour un set de table, un carreau équivaut à 2,5 cm

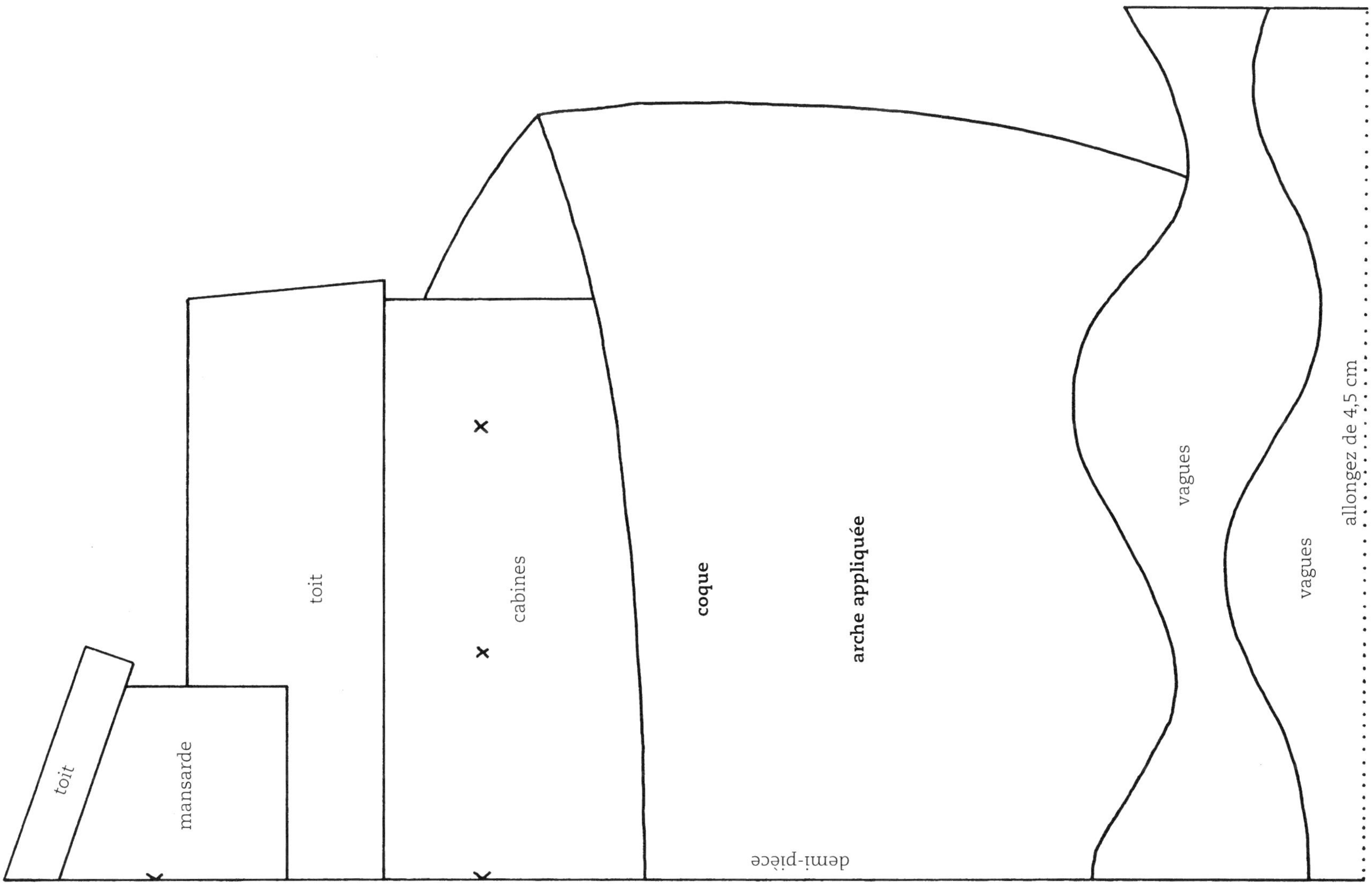
toit
mansarde
toit
cabines
coque
arche appliquée
demi-pièce
vagues
vagues
allongez de 4,5 cm

Arche appliquée

Ce petit tableau mesure 33 x 33 cm.
Le patron figure à la page 27.

Fournitures
différents tissus pour le motif central
tissu pour le bastingage, 1,5 x 40 cm
tissu pour la face avant, 30 x 30 cm
tissu pour la face arrière, 35 x 35 cm
viseline épaisse, 35 x 35 cm
tissu pour le cadre intérieur, 6 x 125 cm
tissu pour la bande de fixation, 9,5 x 35 cm
tissu pour le cadre extérieur, 6,25 x 140 cm
6 boutons pour les fenêtres

- Reproduisez le motif central à taille réelle puis découpez les pièces individuellement.
- Dessinez les contours des pièces de l'arche sur l'envers des tissus respectifs en laissant un surplus de couture de 5 à 7,5 mm tout autour de chaque pièce.
- Coupez les pièces.
- Repliez les rentrés de couture sur l'envers et faufilez ; ne repliez pas les rentrés de couture des pièces qui seront placées sous une autre.
- Confectionnez le bastingage (voir ill. 5 p. 18).
- Coupez deux pièces de bastingage de 4,5 cm chacune puis placez-les à chaque extrémité du long bastingage, sous les cabines.
- Placez toutes les pièces de l'arche sur le tissu de la face avant puis faufilez.
- Appliquez l'arche sur le tissu. Appliquez le long bastingage de sorte qu'il couvre le raccord entre les cabines et la coque. Repliez les extrémités sur l'arrière.
- Recoupez le morceau de tissu de la face avant de sorte qu'il mesure 27 x 27 cm.
- Confectionnez un cadre de 6 cm de largeur autour du motif central (voir ill. p. 30). Rallongez si vous le souhaitez le morceau de tissu formant les vagues de sorte qu'il empiète sur le cadre extérieur.
- Placez le devant et le dos envers contre envers en incorporant la viseline entre les deux épaisseurs, faufilez puis rectifiez les bords de sorte que le tableau mesure 33 x 33 cm.
- Quiltez le tout en suivant les (ill.s.
- Repliez les bords des côtés les plus courts de la bande de fixation sur 3,5 cm sur l'envers puis piquez (ill. 1).
- Repassez au fer un pli de 4 cm sur la longueur (ill. 1).
- Placez la bande sur le dos du tableau, à égale distance de chaque côté, et de sorte que les bords soient alignés avec le bord supérieur du tableau. Faufilez si vous le souhaitez (ill. 2).

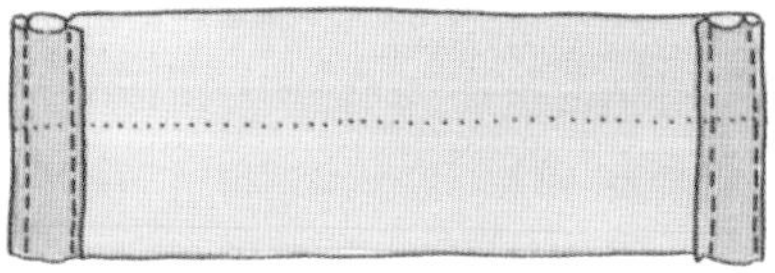
1

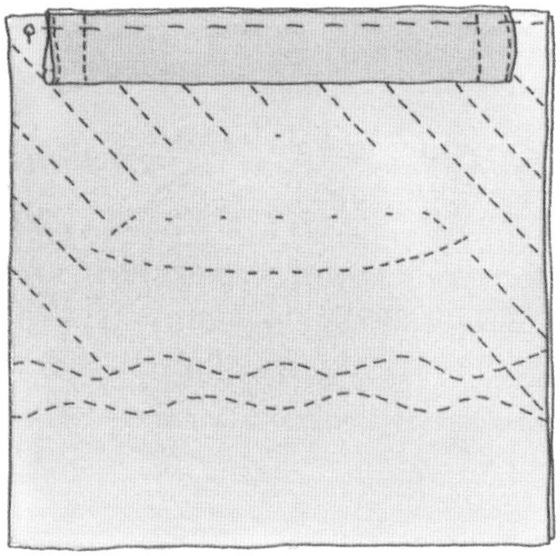
2

3

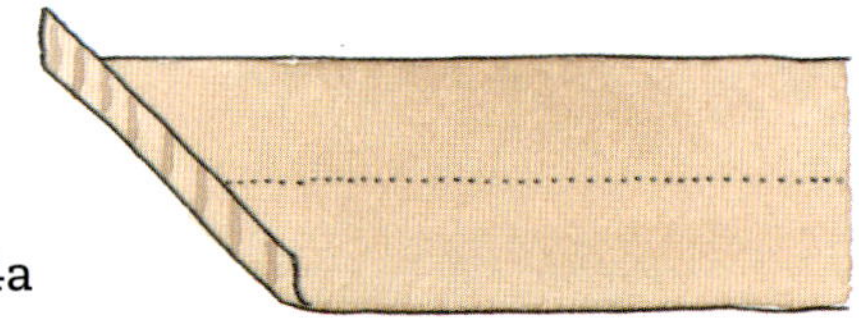

4a

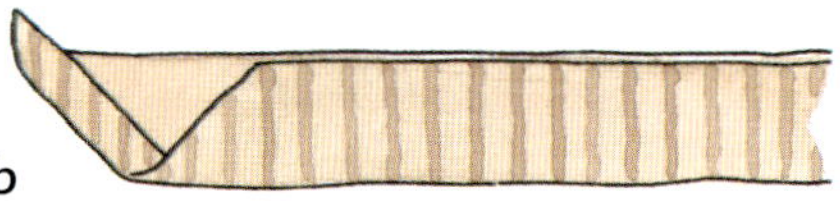

4b

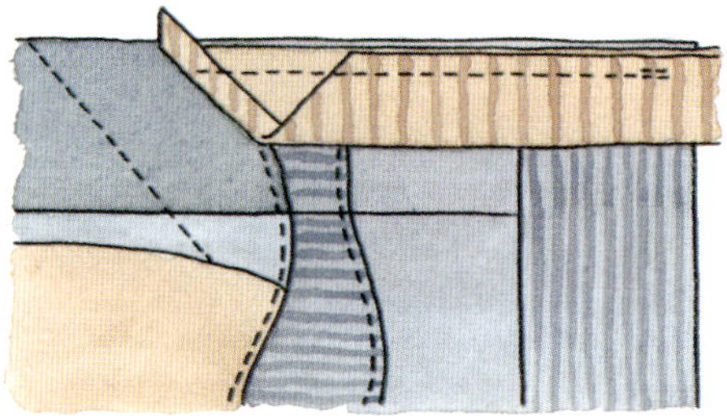

5a

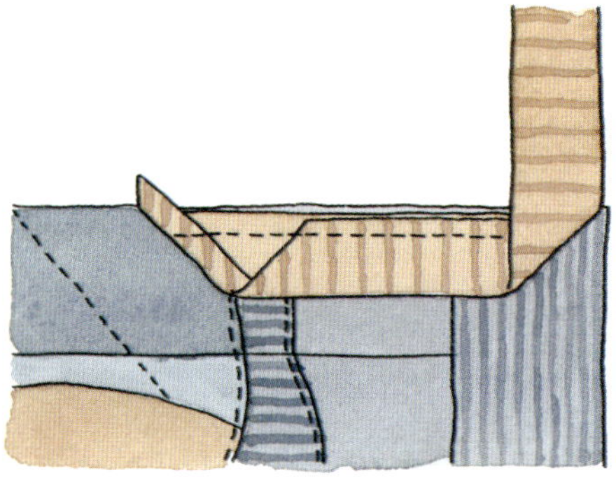

5b

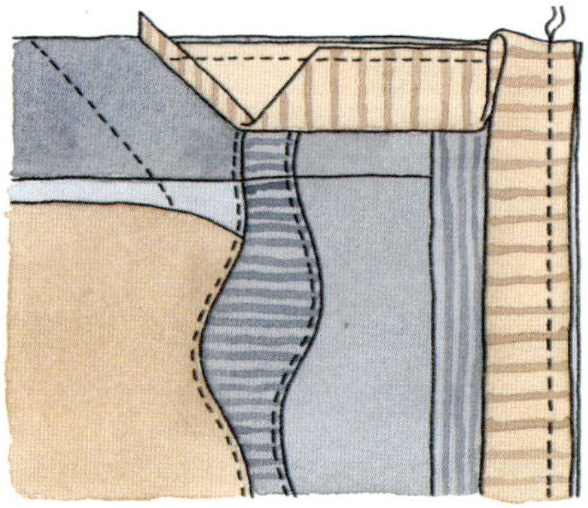

5c

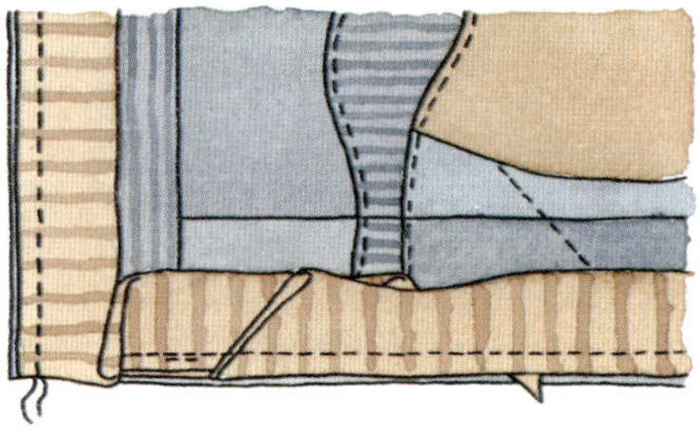

5d

5e

- Coupez en biais l'extrémité du cadre extérieur (ill. 3).
- Formez un rentré de couture le long de l'extrémité oblique puis repliez le cadre envers contre envers et repassez au fer (ill. 4a et 4b).
- Piquez le cadre extérieur endroit contre endroit sur la face avant du tableau (ill. 5a à 5c). Lorsque vous atteignez le point de départ, coupez l'extrémité en biais, de sorte qu'elle se superpose à l'autre sur 1,5 cm. Piquez (ill. 5d).
- Repliez le cadre sur l'envers du tableau puis piquez au point glissé (ill. 5e) ; veillez à ce que les points n'apparaissent par sur l'endroit.

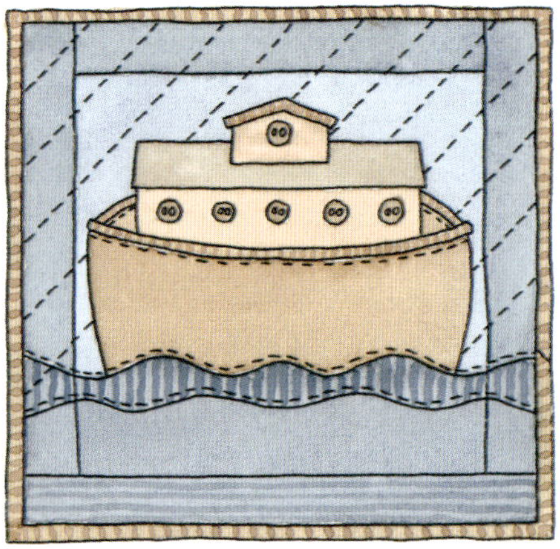

Petits animaux

Ces animaux sont assortis à l'arche appliquée et à l'arche-coussin présentée à la page 38. Afin qu'ils tiennent debout, leur corps est confectionné comme une poche que l'on remplit de billes de plastique puis de fibre synthétique.

Vous pouvez également les réaliser à plat, il suffit de reproduire les pièces du patron en ôtant 1,25 cm de longueur.

Fournitures

tissus
billes de plastique
fibre synthétique
boutons (facultatif)

Corps

- Reproduisez les pièces du patron à taille réelle. Elles figurent p. 36 et 37.
- Pliez le tissu endroit contre endroit puis piquez selon la méthode de couture inversée expliquée p. 9. Ne retournez pas encore sur l'endroit.
- Placez une couture de côté sur le pli du fond, aplatissez pour former un coin puis piquez comme indiqué sur l'illustration. La couture doit mesurer 2,5 à 3 cm de long.
- Formez l'autre coin de la même façon.
- Retournez sur l'endroit, remplissez avec 5 cl de billes de plastique environ, puis rembourrez généreusement de fibre synthétique.

Chats

Le patron figure à la page 36.

- Confectionnez le corps comme expliqué ci-dessus.
- Piquez la tête, les oreilles, les pattes et la queue selon la méthode de couture inversée (voir p. 9), puis rembourrez. Placez les oreilles puis piquez. Avant de piquer l'ouverture de la queue, faites un rentré de couture sur l'envers.
- Quiltez les pattes comme indiqué sur l'illustration.
- Ajoutez les yeux au point de nœud puis les moustaches et le museau au point arrière.
- Placez la tête, les pattes et la queue puis appliquez ces différentes parties.

Lapins

Le patron figure à la page 36.

- Confectionnez le corps comme expliqué ci-dessus.
- Piquez la tête, les oreilles et les pattes selon la méthode de couture inversée (voir p. 9) puis rembourrez. Placez les oreilles puis piquez.
- Quiltez les pattes comme indiqué sur l'illustration.
- Ajoutez les yeux au point de nœud puis la truffe au point arrière.
- Placez la tête et les pattes puis appliquez ces différentes parties. Cousez la patte arrière avec un bouton.

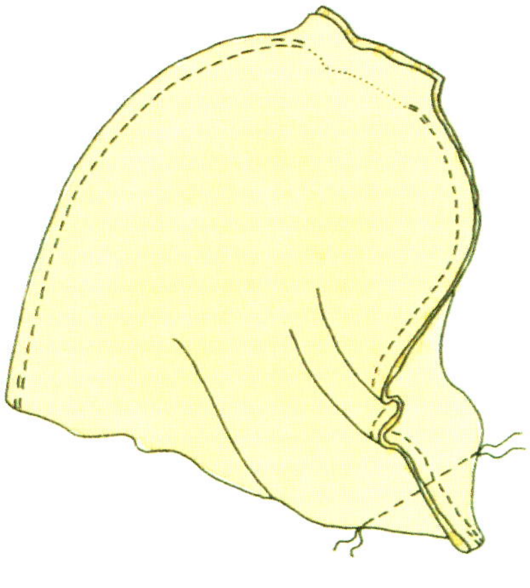

Poules

Le patron figure à la page 36.

- Confectionnez le corps comme expliqué à la page précédente.
- Piquez la queue selon la méthode de couture inversée (voir p. 9) puis rembourrez. Placez-la sur l'ouverture du corps, puis piquez au point glissé.
- Piquez la tête, la crête et le barbillon selon la méthode de couture inversée puis rembourrez. Placez la crête sur l'ouverture de la tête puis piquez au point glissé.
- Coupez un morceau de tissu de 3 x 3 cm pour le bec, pliez en diagonale puis piquez en laissant un surplus de couture de 5 mm (ill. 1a).
- Retournez le bec puis rembourrez-le légèrement par une petite fente sur la face inférieure (ill. 1b).
- Placez le bec et piquez au point glissé.
- Placez le barbillon légèrement rembourré sous le bec du coq puis piquez au point de surjet.

Oies

Le patron figure à la page 36.

- Confectionnez le corps comme expliqué à la page précédente.
- Fermez l'ouverture au point glissé.
- Piquez la tête, le bec et les pattes selon la méthode de couture inversée (voir p. 9), puis rembourrez. Retournez le bec par une petite fente sur la face inférieure (ill. 2a et 2b.
- Cousez des narines et un sourire sur le bec, placez la pièce puis appliquez-la.
- Pliez les pattes comme indiqué (ill. 3) puis fixez-les sous le corps au point glissé.
- Ajoutez les yeux au point de nœud.

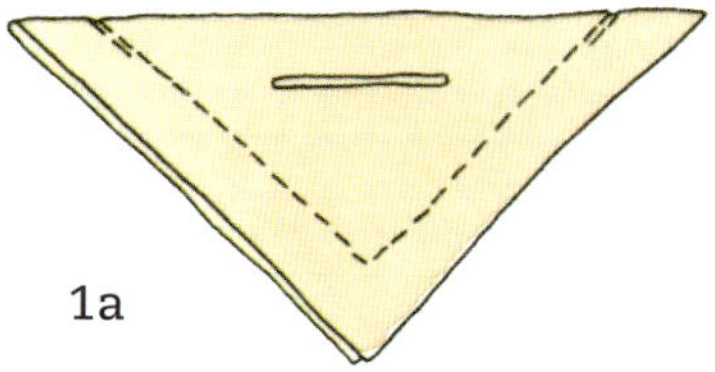

1a

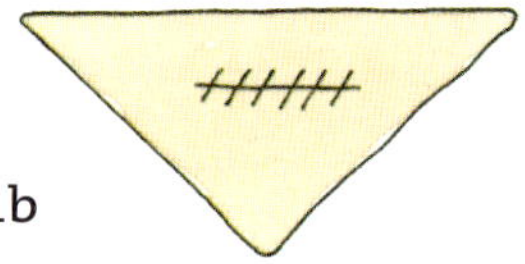

1b

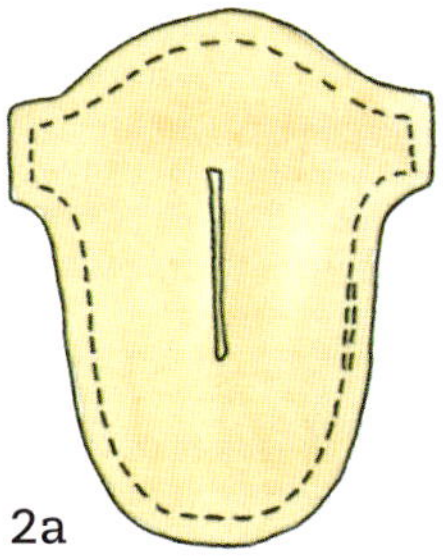

2a

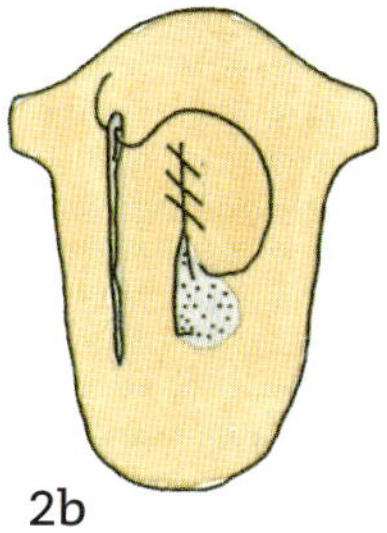

2b

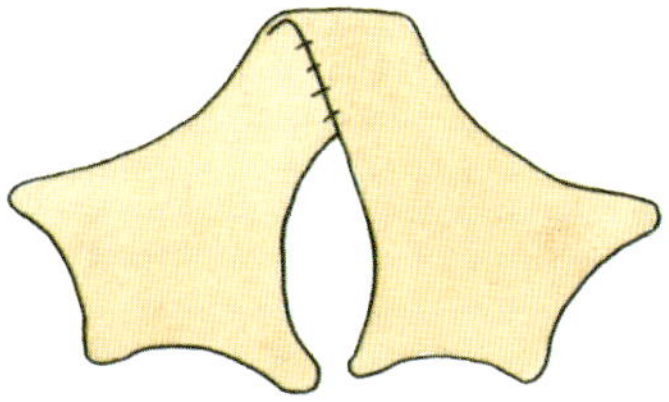

3

Mouton assis

Le patron figure à la page 37.

- Confectionnez le corps (voir p. 31).
- Piquez la tête et les oreilles selon la méthode de couture inversée (voir p. 9) puis rembourrez. Placez les oreilles puis piquez-les.
- Brodez les yeux au point de nœud et le museau au point arrière.
- Coupez 2 morceaux de tissu de 8 x 10 cm et de 3,5 x 10 cm pour les pattes.
- Piquez ces bandes endroit contre endroit le long du côté mesurant 10 cm.
- Repassez les coutures vers le bas le long de la bande la plus courte et surpiquez.
- Pliez endroit contre endroit, dessinez les contours des pattes, piquez selon la méthode de couture inversée, puis rembourrez.
- Placez les pattes et la tête sur le corps puis appliquez-les.

Mouton debout

Le patron figure à la page 37.

- Piquez le corps, la tête, les oreilles et deux pattes selon la méthode de couture inversée puis rembourrez ; allégez le rembourrage des pattes au niveau des ouvertures. Placez les oreilles puis piquez.
- Courbez les pattes au milieu pour obtenir deux fois deux pattes.
- Placez les pattes dans les ouvertures du corps puis piquez au point glissé.
- Ajoutez les yeux au point de nœud et le museau au point arrière, puis appliquez la tête au corps.

Cochons

Le patron figure à la page 37.

- Confectionnez le corps (voir p. 31).
- Piquez la tête, le groin et les oreilles selon la méthode de couture inversée puis rembourrez. Placez les oreilles puis piquez-les. Retournez le groin par une fente effectuée sur l'arrière de la pièce.
- Quiltez le groin à 2 mm du bord puis brodez les narines au point de nœud.
- Appliquez le groin sur la tête puis brodez les yeux au point de nœud.
- Coupez deux morceaux de tissu de 8 x 10 cm et de 3,5 x 10 cm pour les pattes.
- Piquez les bandes ensemble endroit contre endroit le long du côté mesurant 10 cm.
- Repassez la couture vers le bas le long de la bande la plus courte et surpiquez.

- Pliez les pièces endroit contre endroit, dessinez les contours des pattes, piquez selon la méthode de couture inversée puis rembourrez-les. Avant de refermer l'ouverture, faites un rentré de couture sur l'envers.
- Quiltez les pattes comme indiqué sur l'illustration..
- Placez la tête et les pattes puis appliquez-les au corps.
- Coupez une bande de 1 x 9 cm pour confectionner la queue.
- Pliez cette bande (ill. 1) puis repassez .
- Ouvrez le pli, faites des franges sur 1 cm à une extrémité puis faites un rentré de couture sur l'envers de l'autre extrémité.
- Pliez la queue puis piquez-la au point de surjet ou au point droit.
- Placez la queue sur le corps, piquez-la et nouez-en le bout.

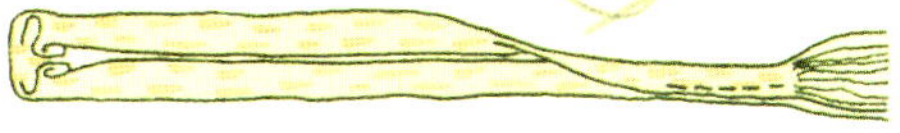

1

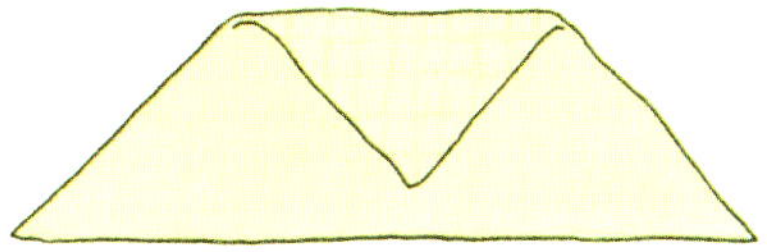

2a

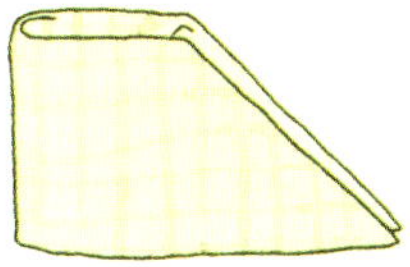

2b

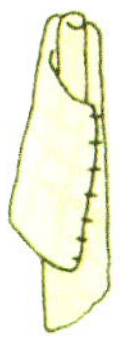

2c

Vaches

Le patron figure à la page 37.

- Confectionnez le corps (voir p. 31).
- Piquez la tête, le museau et les oreilles selon la méthode de couture inversée puis rembourrez. Placez les oreilles puis piquez-les. Retournez le museau par une fente effectuée sur l'arrière de la pièce.
- Coupez un carré de tissu de 4 x 4 cm pour les cornes du taureau, divisez-le en deux dans le sens de la diagonale puis pliez et enroulez (ill. 2a, 2b et 2c).
- Piquez les cornes au point glissé.
- Placez les cornes à côté des ouvertures de la tête puis fixez-les, fermez en même temps les ouvertures.
- Ajoutez les narines sur le museau aux endroits indiqués sur le patron.
- Appliquez le museau sur la tête et ajoutez les yeux au point de nœud. Si vous le souhaitez, faites un contour des yeux au point arrière.
- Coupez deux morceaux de tissus de 10 x 10 cm et de 3,5 x 10 cm pour les pattes et cousez-les en suivant les explications des pattes des cochons.
- Quiltez les pattes comme indiqué sur l'illustration.
- Placez les pattes et la tête et appliquez-les au corps.
- Coupez une bande de 1,5 x 10 cm pour la queue et cousez-la en suivant les explications de la queue des cochons.
- Placez la queue sur le corps puis piquez.

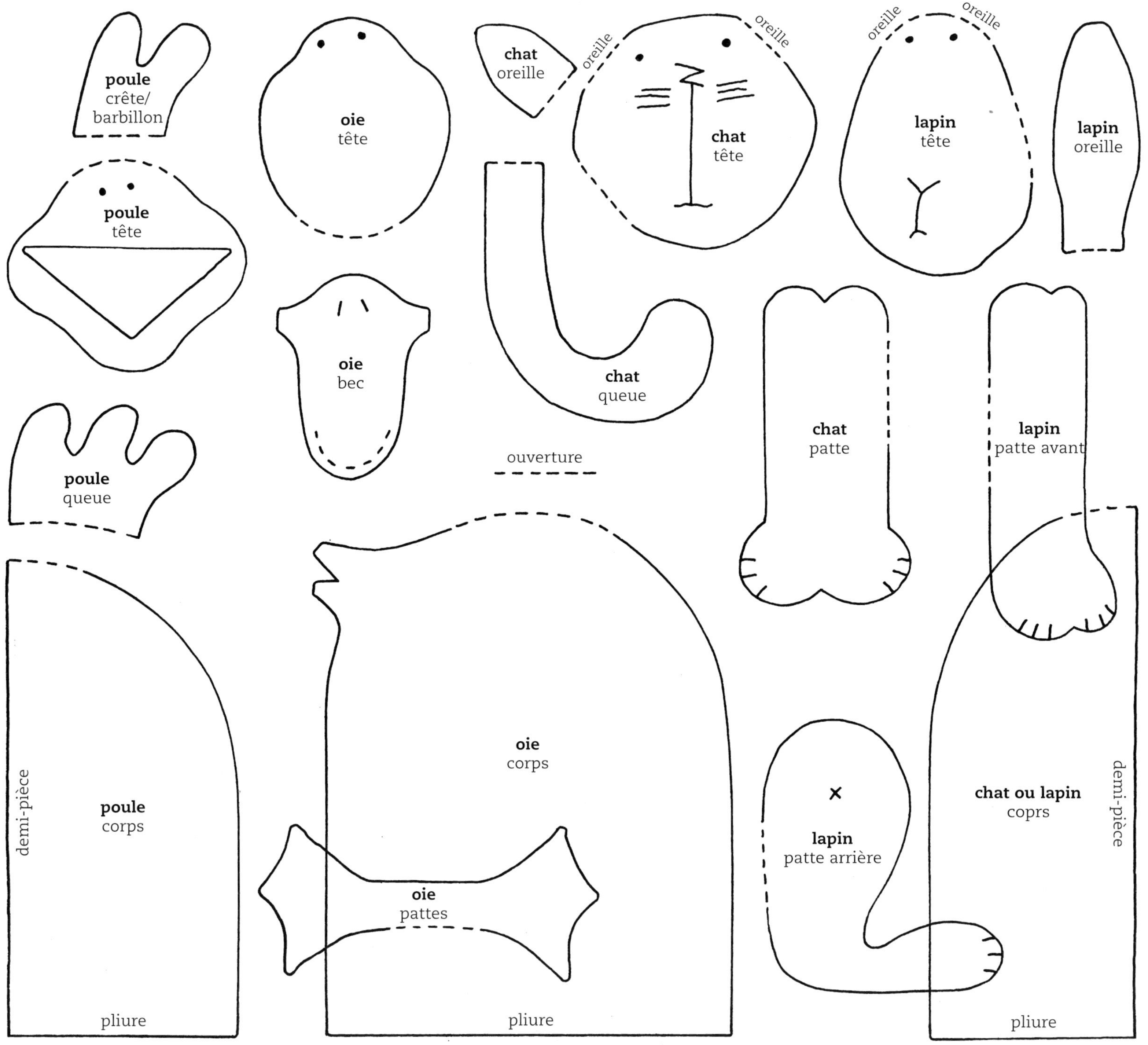
poule
crête/
barbillon
oie
tête
chat
oreille
oreille
oreille
chat
tête
oreille
oreille
lapin
tête
lapin
oreille
poule
tête
oie
bec
chat
queue
chat
patte
lapin
patte avant
poule
queue
ouverture
oie
corps
poule
corps
demi-pièce
lapin
patte arrière
chat ou lapin
coprs
demi-pièce
oie
pattes
pliure
pliure
pliure

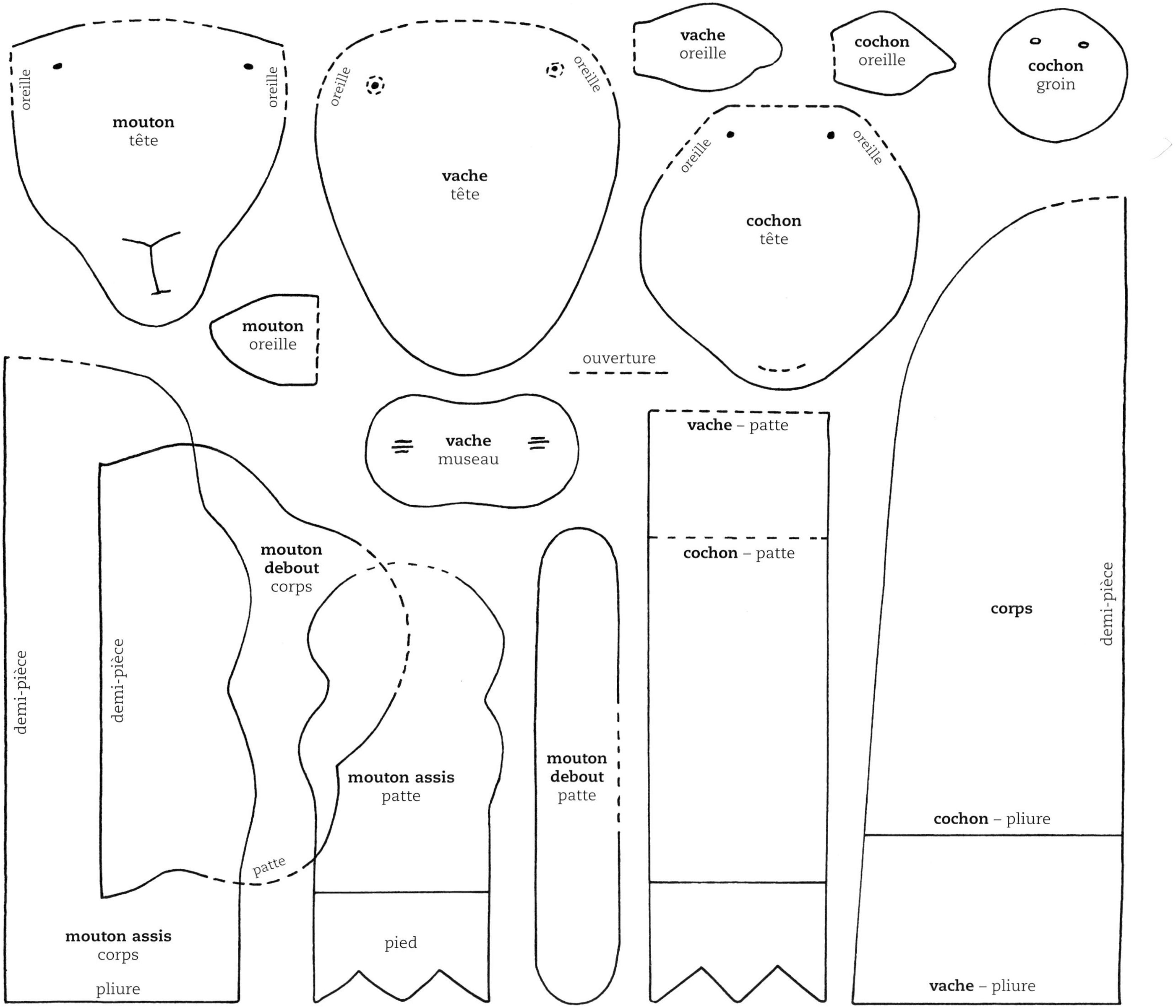
oreille
oreille
mouton
tête
oreille
oreille
vache
tête
vache
oreille
cochon
oreille
cochon
groin
oreille
oreille
cochon
tête
mouton
oreille
ouverture
vache
museau
vache – patte
cochon – patte
mouton
debout
corps
demi-pièce
demi-pièce
patte
mouton assis
patte
mouton
debout
patte
corps
demi-pièce
cochon – pliure
mouton assis
corps
pliure
pied
vache – pliure

Arche de Noé - coussin

Le coussin est composé de deux parties : la partie supérieure, représentant les cabines, est cousue comme une taie, et la partie inférieure, la coque, est boutonnée par-dessus.
La partie inférieure est réalisée avec du tissu épais ou avec deux épaisseurs de tissus légers entre lesquels on intercale une couche de viseline épaisse. Quiltez ensuite à la machine en suivant les motifs du tissu ou des lignes préalablement dessinées.
Le coussin mesure 40 x 40 cm.
Le patron figure à la page 41.

Fournitures pour un coussin
tissu pour les cabines, 45 x 100 cm
tissu pour le toit, 15 x 41 cm
viseline épaisse pour le toit, 13 x 41 cm
3 boutons pour fermer le coussin
7 boutons pour les hublots
4 boutons pour la coque
1 coussin de garnissage, 40 x 40 cm
tissu pour la coque, 45 x 60 cm
tissu pour le bastingage, 2 morceaux de 14 x 41 cm
tissu pour l'étiquette, 6,5 x 13 cm
viseline épaisse thermocollante, 4,5 x 11,5 cm
tissu / biais 6,25 x 85 cm

- Tracez le patron à taille réelle.
- Coupez 2 morceaux de tissu pour les cabines de 41 x 69 cm et 41 x 29 cm.
- Faites un ourlet de 3 cm (ill. 1) puis piquez.
- Marquez les repères de 3 boutons puis cousez-les, faites de même pour les boutonnières correspondantes (ill. 1).
- Assemblez deux pièces par les boutons et renforcez les côtés par des surpiqûres (ill. 2).
- Faites un rentré de couture sur l'envers du tissu pour le toit, sur les bords les plus longs. Ouvrez les plis et placez la viseline.
- Placez le toit au milieu du tissu des cabines et piquez à 2 mm du bord (ill. 2).
- Pliez le tissu envers contre envers en alignant les bords les plus courts. Marquez les repères de 7 boutons (hublots) en vous reportant au patron. Marquez également les repères de deux séries de 2 boutons qui serviront à fermer la coque.
- Cousez les boutons (ill. 2).
- Déboutonnez la pièce et pliez endroit contre endroit en alignant les bords les plus courts.
- Dessinez l'arrondi sur le tissu puis coupez en suivant le trait (ill. 3).
- Piquez à une largeur de pied machine, surfilez les bords ensemble puis retournez sur l'endroit (ill. 4).

1

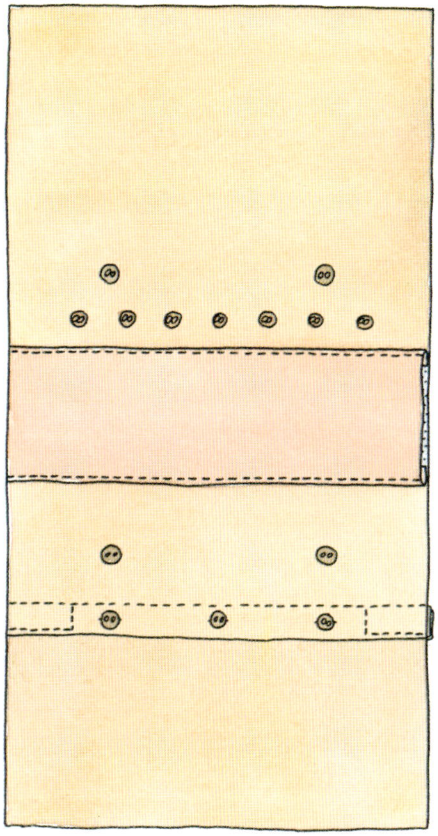

2

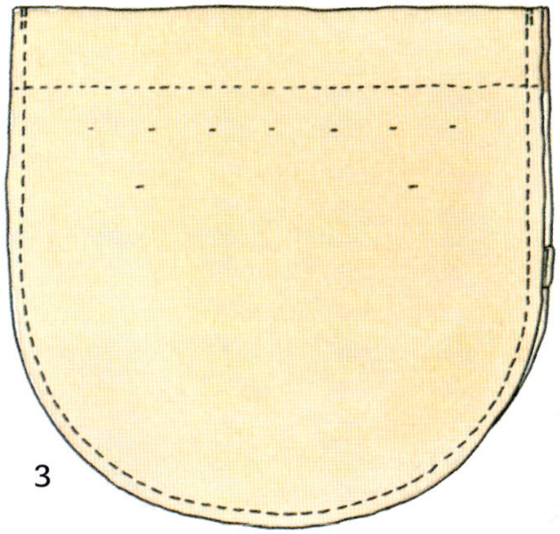

3

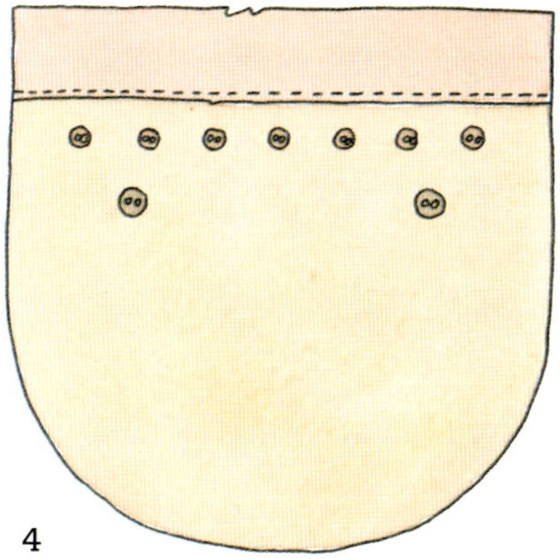

4

- Insérez le coussin de garnissage dans la pièce cousue.
- Coupez deux pièces correspondant à la coque en vous reportant au patron.
- Confectionnez le bastingage en repliant la bande envers contre envers. Placez cette bande sur le bord supérieur de l'envers de la coque.
- Piquez à 2 cm du bord (ill. 5a).
- Repliez la bande autour du bord sur l'endroit, de sorte qu'elle couvre précisément la couture précédente, puis piquez à 2 mm du bord (ill. 5b).
- Cousez un second bastingage sur l'autre pièce de la coque en suivant la même méthode.
- Faites deux boutonnières sur chaque partie du bastingage comme indiqué sur le patron.
- Transférez le texte de l'étiquette puis fixez la viseline au fer à repasser sur l'envers de l'étiquette.
- Piquez le texte à la machine au point zig-zag large ou au point glissé (Ill. 6). Si vous choisissez la couture au point glissé, repassez plusieurs fois sur les points. Les « traits » peuvent être décalés, cela apporte du dynamisme au message. Tirez les fils sur l'envers puis nouez-les.
- Faites un rentré de couture de 1 cm sur l'envers de l'étiquette, placez l'étiquette sur l'une des pièces de la coque puis piquez.
- Pliez le biais en deux, envers contre envers.
- Placez les pièces de la coque envers contre envers en alignant les bords, placez le biais endroit contre endroit sur l'arrondi de la coque (ill. 7).
- Piquez le biais à une largeur de pied machine.
- Repliez le biais sur l'envers de la coque, repliez les extrémités avec soin puis piquez le biais au point glissé.
- Boutonnez la coque et la partie supérieure pour l'assemblage final.

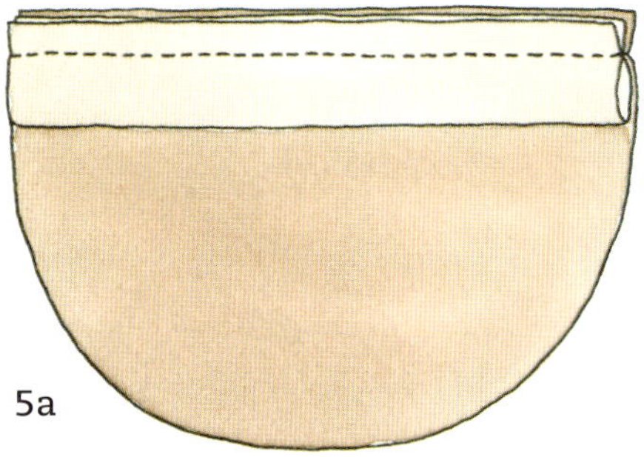

5a

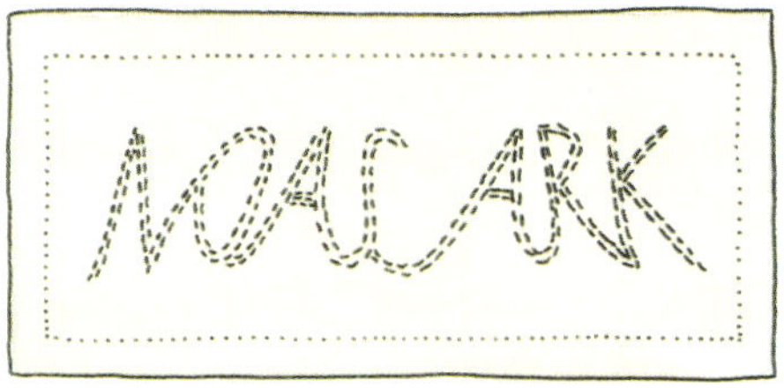

6

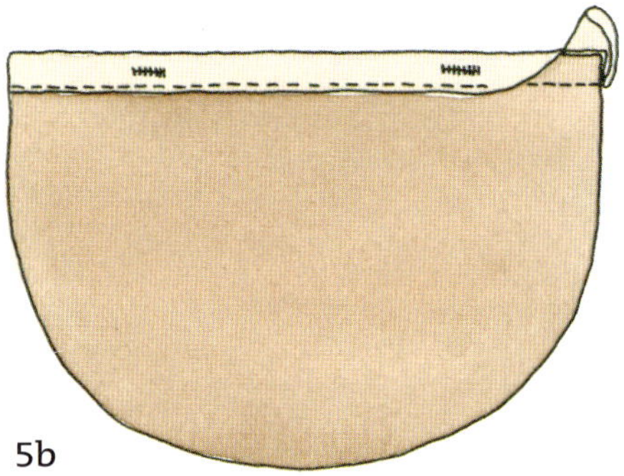

5b

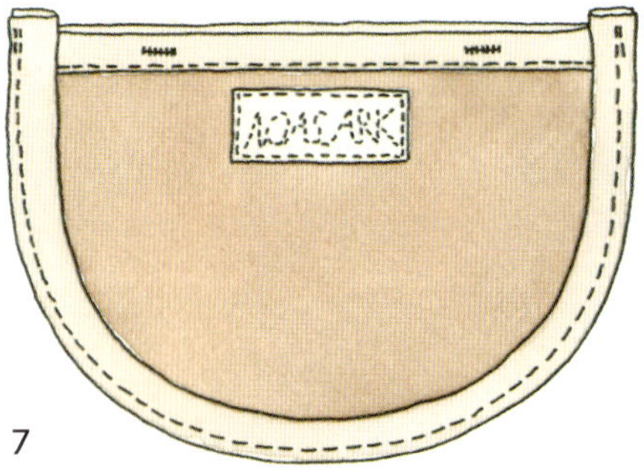

7

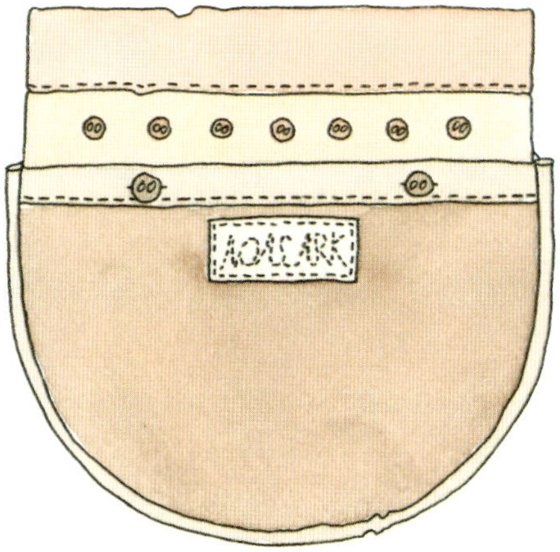

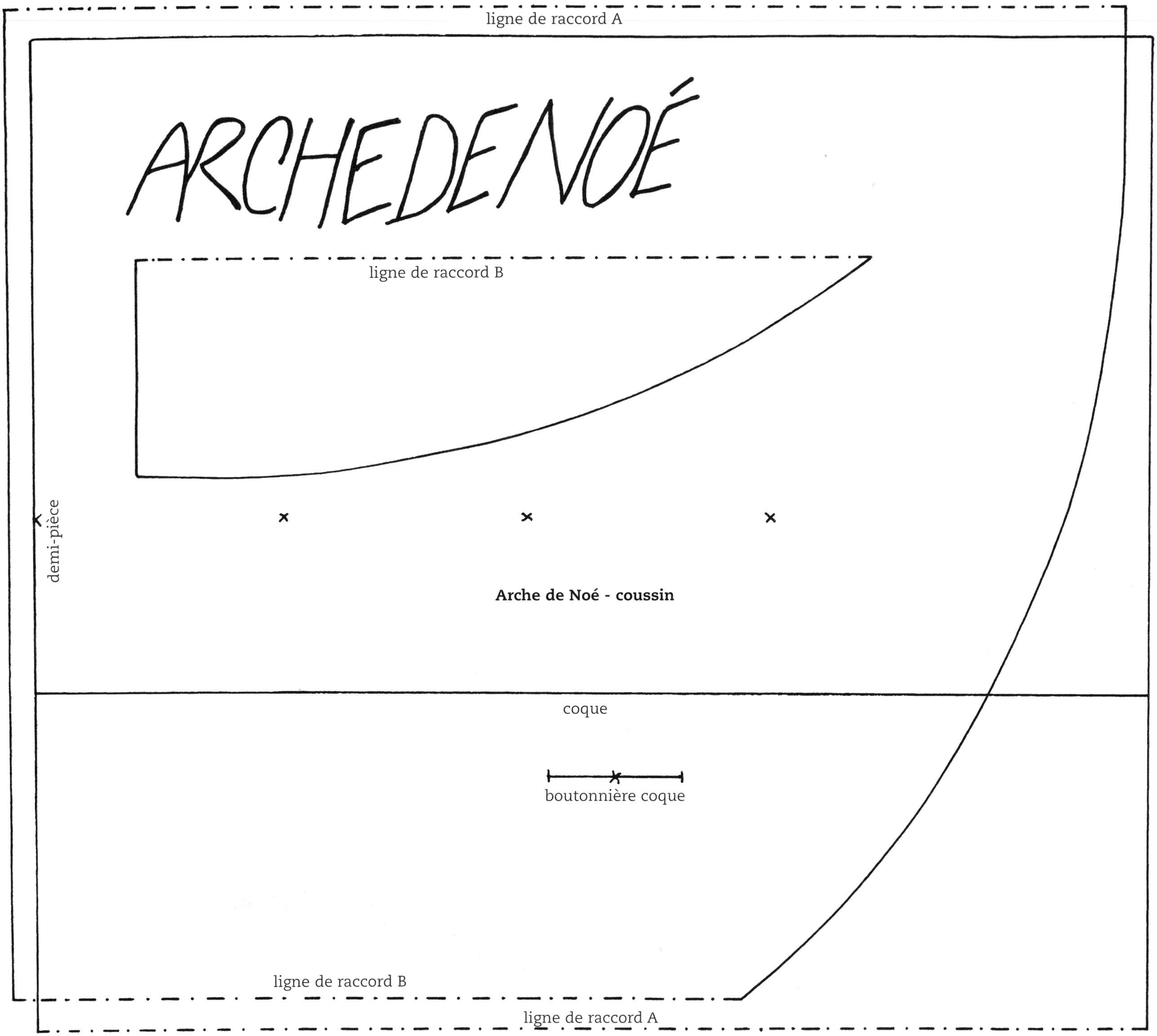
ligne de raccord A
ARCHE DE NOÉ
ligne de raccord B
demi-pièce
Arche de Noé - coussin
coque
boutonnière coque
ligne de raccord B
ligne de raccord A

Dessous de plat et set de table

La forme de l'arche inspire des créations d'objets pratiques, tel que le set de table et le dessous de plat. Dans ce modèle, la mansarde du vaisseau est une attache pliée. Pour réaliser le dessous de plat, utilisez le patron figurant à la page 26, en gardant les dimensions proposées. Pour confectionner le set de table, agrandissez les dimensions du patron de 250 % ; un carreau équivaut alors à 2,5 cm.

Fournitures pour un dessous de plat / un set de table

tissu pour le toit, 4,5 x 16 cm / 8 x 38 cm
tissu pour les cabines, 5 x 16 cm / 8,5 x 38 cm
tissu pour le bastingage, 3 x 16 cm / 3,5 x 38 cm
tissu pour la coque, 9 x 16 cm / 22 x 38 cm
tissu pour l'attache, 8 x 9 cm / 12 x 14 cm
tissu pour le dos, 15,5 x 16 cm / 36 x 38 cm
viseline épaisse, 15,5 x 16 cm / 36 x 38 cm
5 boutons pour les hublots

- Piquez la bande du toit et celle des cabines endroit contre endroit à une largeur de pied machine.
- Repassez les coutures au fer vers le haut, sur la bande du toit.

- Pliez la bande de bastingage envers contre envers. Placez la pièce cabines /toit et le tissu de la coque endroit contre endroit de chaque côté de la bande de bastingage puis piquez à une largeur de pied machine.
- Repassez la couture vers le bas, sur le tissu de la coque, de sorte que le bastingage se place aisément sur la bande des cabines (ill. 1).
- Confectionnez l'attache en suivant les instructions de la page 10.
- Pliez l'attache comme indiqué (ill. 2). L'attache du set peut être réalisée avec 2 morceaux de 4 x 12 cm du tissu des cabines et un morceau de 10 x 12 cm du tissu du toit (ill. 3a, 3b et 3c). Confectionnez l'attache et pliez-la comme indiqué ci-dessus.

1

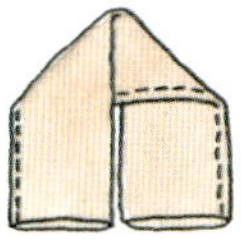
2

- Placez l'attache au milieu du toit (ill. 4) puis piquez à une largeur de pied machine.
- Placez la pièce assemblée sur le tissu du dos endroit contre endroit puis dessinez les contours de l'arche sur le tissu, laissez un surplus de couture le long du bord du toit.
- Placez la viseline entre les deux épaisseurs puis piquez en suivant le trait et en laissant l'ouverture (ill. 5).
- Coupez en laissant un surplus de couture de 3 mm, élargissez le surplus de couture à 5 mm au niveau de l'ouverture, retournez sur l'endroit puis piquez l'ouverture au point glissé.
- Quiltez comme indiqué (ill. 6) et cousez les boutons pour figurer les hublots.

3a

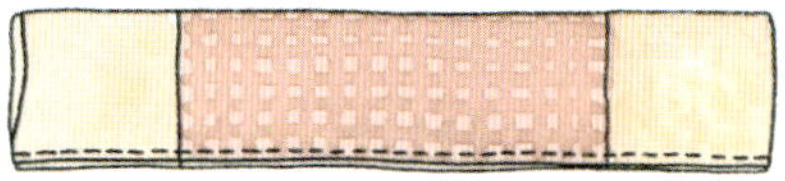
3b

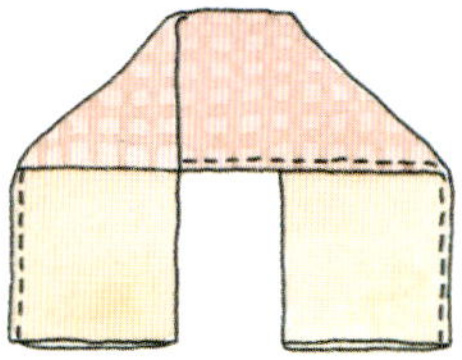
3c

4

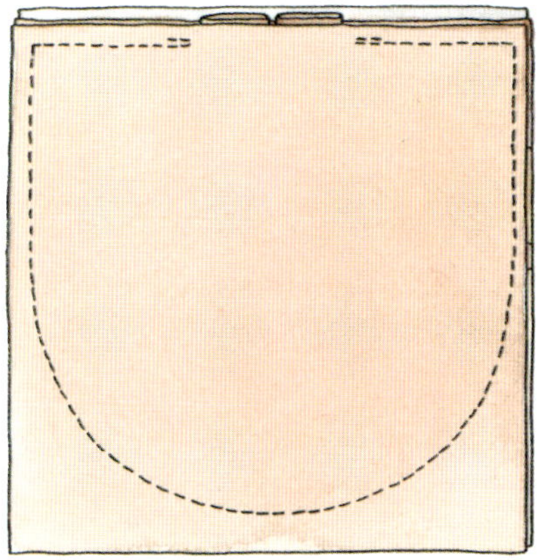
5

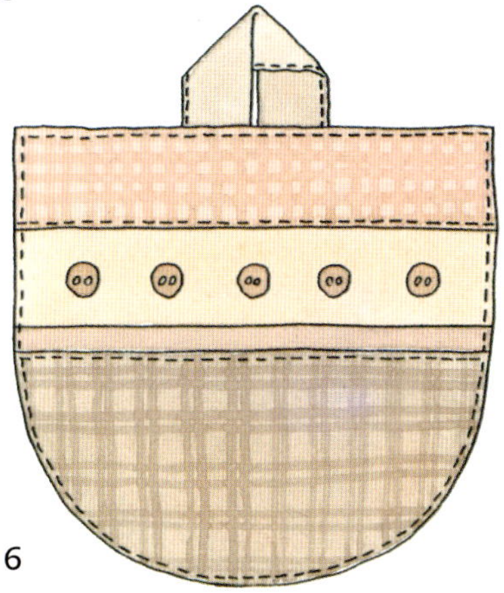
6

Coussin chat

Par sa forme allongée, ce coussin est un repose-tête confortable. Une raison supplémentaire de s'offrir un moment de détente, un livre entre les mains.

Le patron figure à la page 48 ; allongez la queue du chat comme indiqué sur la pièce du patron, l'ouverture de cette pièce est située en haut.

Fournitures pour un coussin

tissu pour le corps, 53 x 53 cm
fermeture à glissière 50 - 55 cm
tissu pour la tête, 15 x 30 cm
viseline épaisse, 15 x 15 cm
tissu pour les pattes, la queue et les oreilles, 35 x 40 cm
fibre synthétique
2 boutons pour les yeux
1 bouton pour la queue
tissu pour le coussin de garnissage, 54 x 54 cm
fibre synthétique pour le coussin de garnissage

- Surfilez tous les bords du tissu pour le corps. Piquez la fermeture à glissière (voir p. 12) sur deux côtés opposés de sorte que le tissu forme un tube (ill. 1).
- Cousez la tête, quatre pattes et la queue en suivant la méthode de couture inversée expliquée à la page 9.
- Rembourrez moyennement la tête avec de la fibre synthétique, placez les oreilles au niveau des ouvertures et piquez au point glissé.
- Cousez les boutons à la place des yeux et formez le museau et les moustaches par de longs points arrières.
- Rembourrez généreusement les pieds et plus légèrement les pattes, puis formez les griffes en suivant les repères du patron.
- Surfilez ensemble les bords de l'ouverture de chaque patte.
- Rembourrez moyennement l'extrémité de la queue, puis continuez le rembourrage de sorte que la queue soit souple.
- Faites un rentré de couture sur l'envers de l'ouverture de la queue puis piquez au point glissé.
- Retournez le corps sur l'envers, puis formez le pli de sorte que la fermeture à glissière soit placée à 3 cm du fond.
- Ouvrez la moitié de la fermeture à glissière.
- Placez les pattes dans le tube formé par le corps, endroit contre endroit, puis piquez les côtés à une largeur de pied machine (ill. 1).
- Retournez sur l'endroit et appliquez la tête sur le corps.
- Cousez la queue sur le corps avec un bouton (ill. 2).
- Fabriquez un coussin de garnissage (voir p. 10) et insérez-le dans le corps du chat.

1

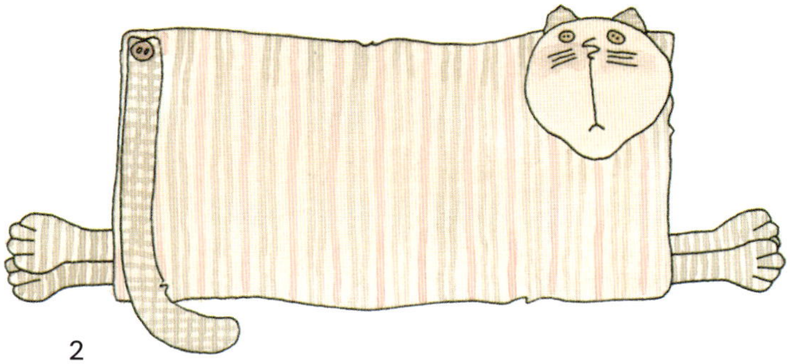

2

Coussin mouton

1

Lorsque le mouton devient doudou... Réalisé dans un tissu éponge ou polaire, il est douillet et confortable. Le coussin mesure 40 x 40 cm.

Le patron figure à la page 49.

Fournitures pour un coussin
tissu pour la tête, 18,5 x 35 cm
viseline épaisse, 17 x 18,5 cm
tissu pour les oreilles, 7,5 x 26 cm
viseline épaisse, 7,5 x 13 cm
2 boutons pour les yeux
tissu pour les pattes, 7 x 60 cm
tissu pour les pieds, 7 x 60 cm
fibre synthétique
tissu éponge ou polaire pour le corps, 45 x 85 cm
fermeture à glissière, 45 cm
1 coussin de garnissage, 40 x 40 cm

- Pliez le tissu de la tête et celui des oreilles endroit contre endroit et repassez la viseline sur l'envers.
- Piquez la tête et les 2 oreilles selon la méthode de couture inversée (voir p. 9). Ne rembourrez pas de fibre synthétique.
- Placez les oreilles dans les ouvertures prévues à cet effet puis piquez au point glissé.
- Piquez les bandes des pattes et des pieds endroit contre endroit, repassez la couture au fer vers le bas, sur le tissu des pieds, puis surpiquez.
- Piquez 4 pattes selon la méthode de couture inversée (voir p. 9).
- Rembourrez les pattes de fibre synthétique puis surfilez les bords de chaque ouverture ensemble.
- Coupez deux morceaux de tissu éponge ou polaire de 41 x 61 cm et de 41 x 22 cm puis surfilez le pourtour de ces pièces.
- Piquez la fermeture à glissière endroit contre endroit sur les deux pièces (voir p. 10 et ill. 1).
- Pliez la pièce envers contre envers puis placez la tête et appliquez (ill. 2).
- Placez les pattes endroit contre endroit sur le corps (ill. 2).
- Ouvrez la moitié de la fermeture à glissière, pliez le corps endroit contre endroit puis piquez les 3 côtés du coussin.
- Retournez endroit contre endroit puis insérez le coussin de garnissage dans le corps du mouton.

2

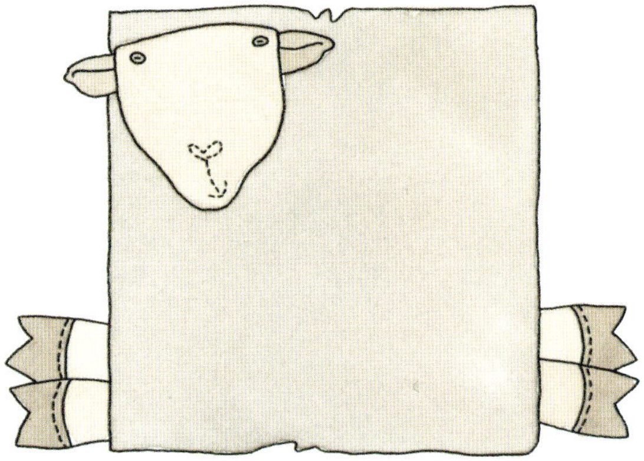

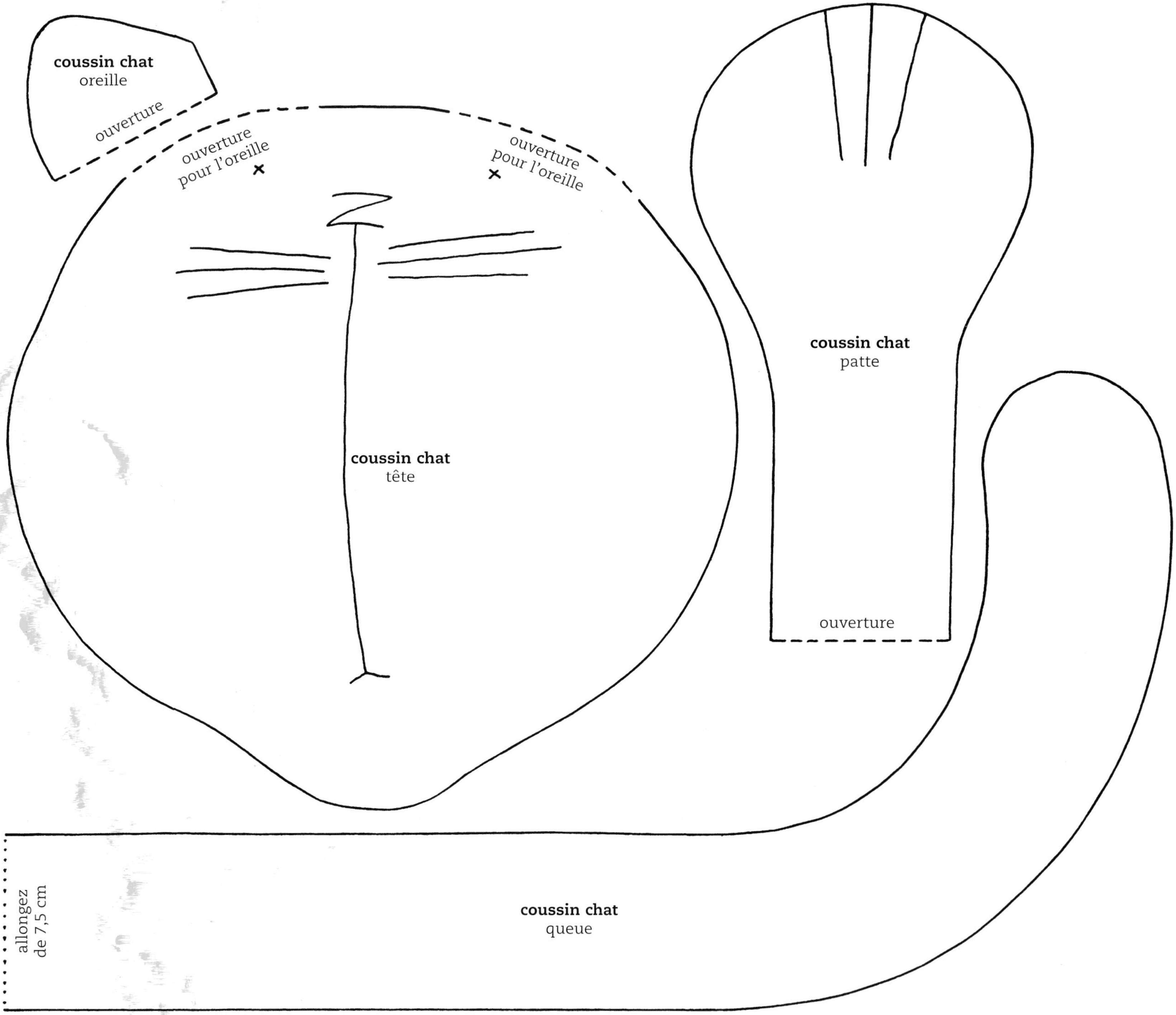
coussin chat
oreille
ouverture
ouverture
pour l'oreille
ouverture
pour l'oreille
coussin chat
tête
coussin chat
patte
ouverture
allongez
de 7,5 cm
coussin chat
queue

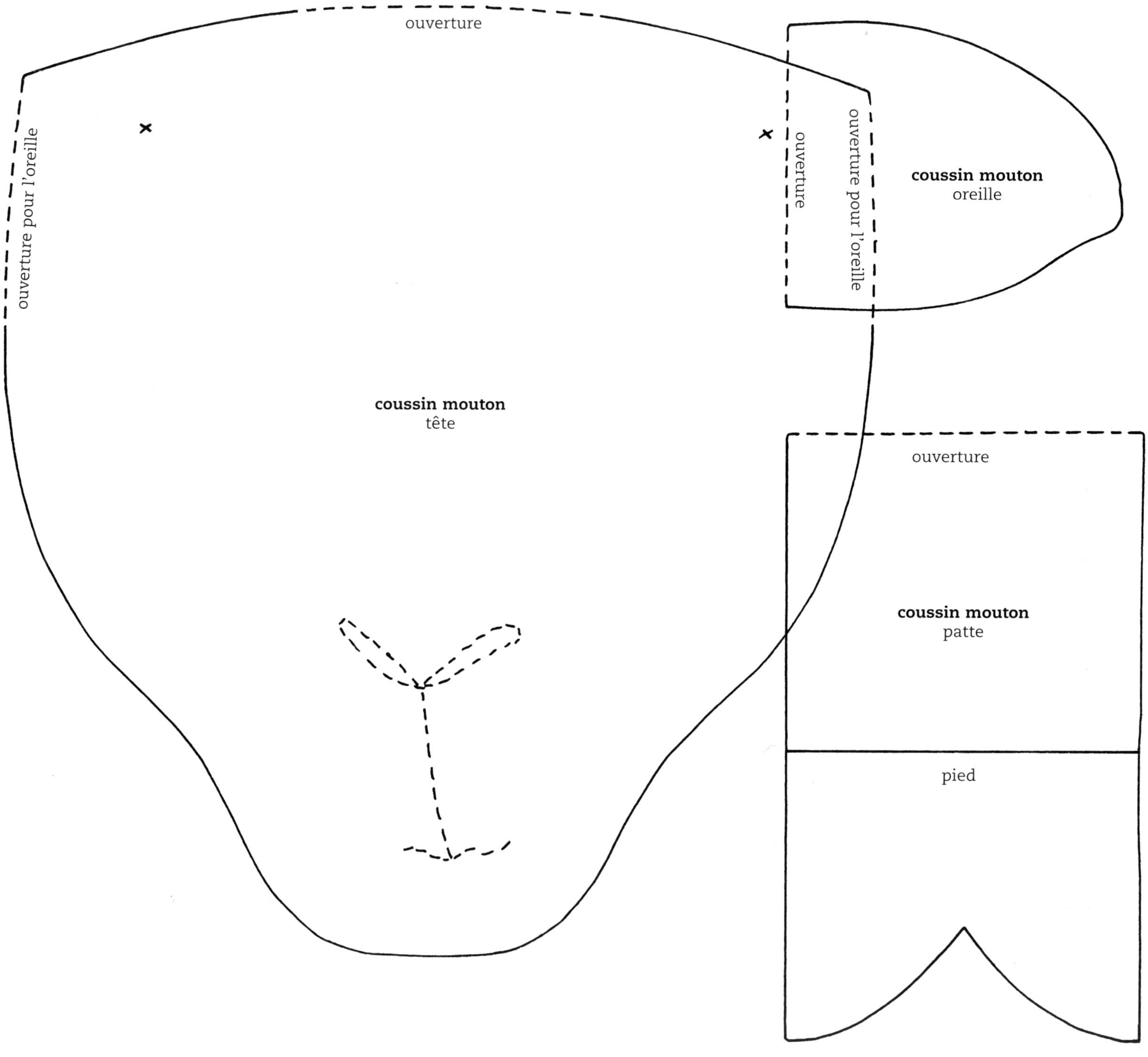
ouverture
ouverture pour l'oreille
coussin mouton
tête
ouverture
ouverture pour l'oreille
coussin mouton
oreille
ouverture
coussin mouton
patte
pied

Canards portiers

Le fond du corps de ces canards est garni d'une poche rembourrée, ainsi ces animaux peuvent être utilisés comme cale de porte. Si la porte est lourde ou haute, agrandissez les mesures et augmentez le rembourrage. Vous pouvez également poster ces gardiens à l'extérieur, avec un panneau délivrant un message tel que « De retour dans 5 minutes ».

Le bec, les plumes de la queue et les pattes sont cousus dans différents tissus plus légers. Chaque canard mesure 24 x 30 cm.

Le patron figure à la page 54.

Fournitures

tissu et viseline épaisse pour le bec, les plumes de la queue et les pattes
tissu pour la tête, 13 x 23 cm
tissu pour les ailes, 15 x 40 cm
viseline épaisse, 15 x 35 cm
tissu pour l'attache, 10 x 20 cm
tissu pour le corps, 25 x 85 cm
fibre synthétique
2 petits boutons pour les yeux
5 boutons pour les ailes et la fermeture
tissu pour la poche rembourrée, 25 x 85 cm
entoilage, 23 x 28 cm
fibre synthétique
sable sec et propre, ou tout autre matériau de densité équivalente

- Reproduisez le patron à taille réelle.
- Pliez les tissus respectifs du bec, des plumes, des deux pattes, de la tête et des deux ailes endroit contre endroit, et reproduisez les pièces du patron.
- Fixez la viseline sur l'envers de ces tissus, puis piquez selon la méthode de couture inversée (voir p. 9).
- Rembourrez la tête et le bec de fibre synthétique puis piquez les ouverture de ces deux pièces au point glissé.
- Appliquez le bec sur la tête, ajoutez les narines et le sourire au point droit.
- Cousez les boutons pour figurer les yeux.
- Piquez l'ouverture de chaque aile au point glissé puis quiltez les ailes, les plumes et les pattes à la machine, à une largeur de pied machine environ.
- Rembourrez légèrement les plumes et les pattes de fibre synthétique, à l'intérieur de la ligne de quilting.
- Confectionnez l'attache en suivant les explications de la page 10.
- Coupez les deux pièces devant et la pièce dos, allongez la pièce devant supérieure de 9 cm et la pièce devant inférieure de 6 cm (voir le patron).
- Faites un ourlet de 3 cm (ill. 1) et piquez.
- Piquez trois boutonnières sur la pièce devant supérieure et cousez trois boutons sur la pièce devant inférieure (ill. 1) et boutonnez les deux pièces.

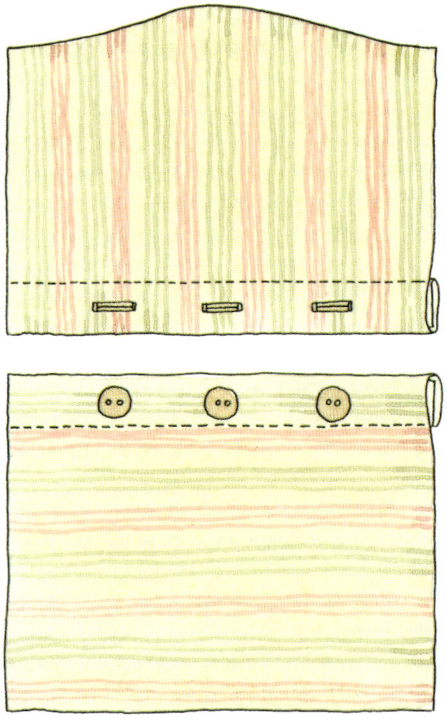

1

ER I HAVEN
KOMMER STRAKS

- Placez l'attache et les plumes de la queue endroit contre endroit sur la pièce devant.
- Placez la pièce dos endroit contre endroit sur la pièce devant et piquez trois côtés à une largeur de pied machine (ill. 2).
- Surfilez les bords ensemble.
- Déboutonnez la pièce devant puis placez les pattes entre la pièce devant inférieure et la pièce dos.
- Faites un pli creux de 2,5 cm de largeur sur les côtés (ill. 3) puis piquez le fond à une largeur de pied machine.
- Surfilez les bords ensemble.
- Retournez le corps sur l'endroit, placez la tête et appliquez-la.
- Placez les ailes puis cousez-les avec les boutons.
- Pour confectionner la poche rembourrée supérieure, coupez un morceau de tissu de 23 x 55 cm, pliez endroit contre endroit puis dessinez les contours en vous aidant des pièces du patron (ill. 4).
- Piquez (ill. 4) en laissant une ouverture sur un des côtés puis coupez le surplus de couture du bord haut.
- Pliez le bas de la poche comme pour le corps du canard puis piquez.
- Pour confectionner la poche rembourrée inférieure, coupez 2 morceaux de tissu de 14 x 23 cm. Il est conseillé d'épaissir la poche en fixant de la viseline sur l'envers du tissu.
- Placez les 2 morceaux endroit contre endroit puis piquez en laissant une ouverture sur l'un des côtés (ill. 5).
- Pliez les bords haut et bas de la poche comme pour le corps du canard puis piquez.
- Retournez les deux poches sur l'endroit.
- Rembourrez fermement la poche supérieure de fibre synthétique et remplissez la poche inférieure de sable sec ou d'un autre matériau de densité équivalente.
- Insérez les poches dans le corps du canard puis boutonnez les deux pièces devant.

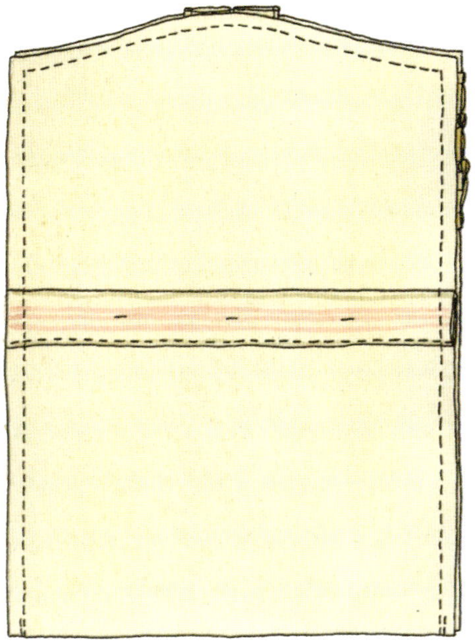
2

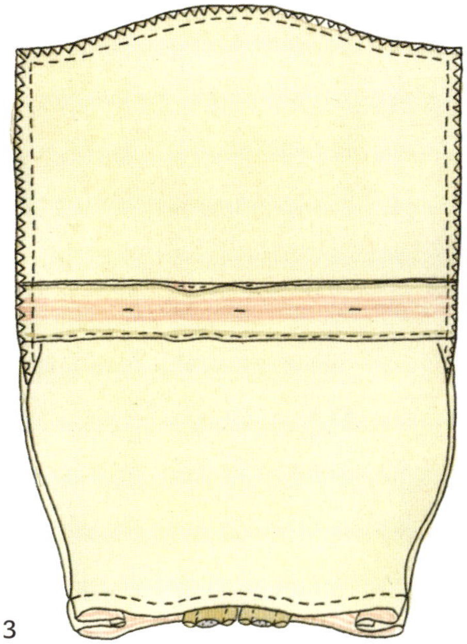
3

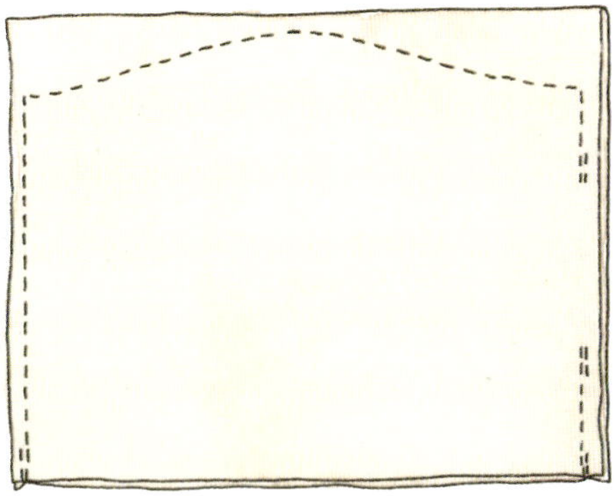
4

5

1

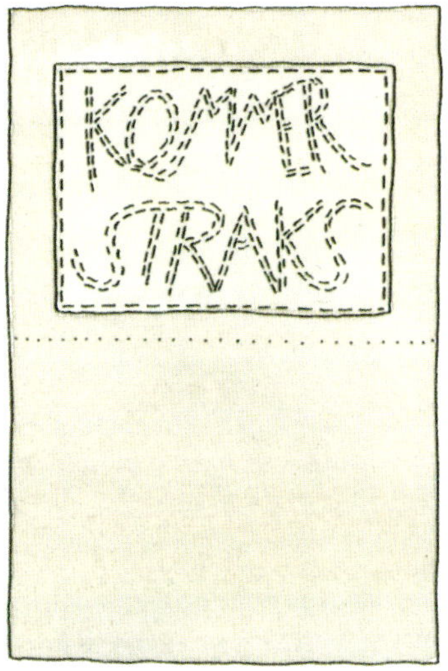

2

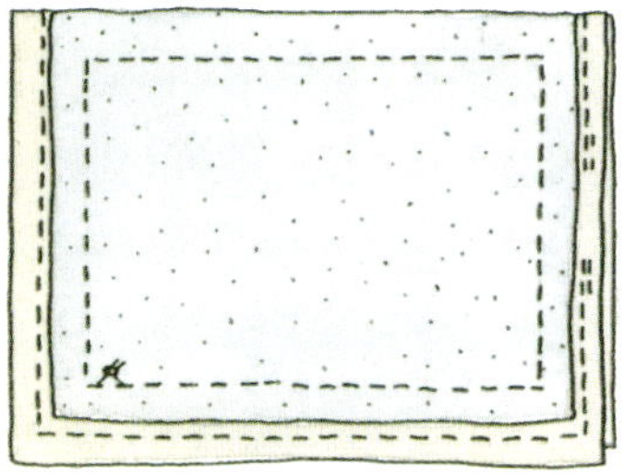

3

Panneau

Sur ces panneaux de dimensions différentes, inscrivez le message qui vous plaît, ou inspirez-vous des exemples proposés à la page 55.

Fournitures pour un petit/grand panneau

tissu pour le texte, 12 x 15 cm
/ 11 x 20 cm
viseline épaisse, 10 x 13 cm / 9 x 18 cm
tissu pour le fond, 17 x 26 cm
/ 21,5 x 24,5 cm
viseline épaisse, 12 x 15 cm
/ 11,5 x 20 cm
2 boutons par panneau
cordelière, 30 cm

- Reproduisez le texte sur le tissu et fixez la viseline sur l'envers.
- Piquez le texte à la machine au point zigzag large ou au point glissé. Tirez chaque extrémité de fil sur l'envers.
- Nouez les extrémités de fil sur l'envers puis coupez le surplus.
- Faites un rentré de couture sur l'envers le long des côtés du panneau, faufilez si vous le souhaitez.
- Pliez le tissu du fond endroit contre endroit puis fixez la viseline sur l'envers, de sorte qu'elle soit alignée au pli du tissu (ill. 1).
- Ouvrez le morceau de tissu puis placez l'étiquette avec le texte sur l'endroit, sur la viseline, à 1 cm du pli et à égale distance des deux côtés.
- Piquez à 2 mm du bord (ill. 2).
- Repliez le tissu du fond puis piquez le long des trois côtés en laissant une ouverture (ill. 3).
- Retournez sur l'endroit puis piquez l'ouverture au point glissé.
- Cousez deux boutons sur le panneau puis enroulez les extrémités de la cordelière autour de chacun d'eux.
- Accrochez enfin le panneau sur le bouton d'une des deux ailes du canard.

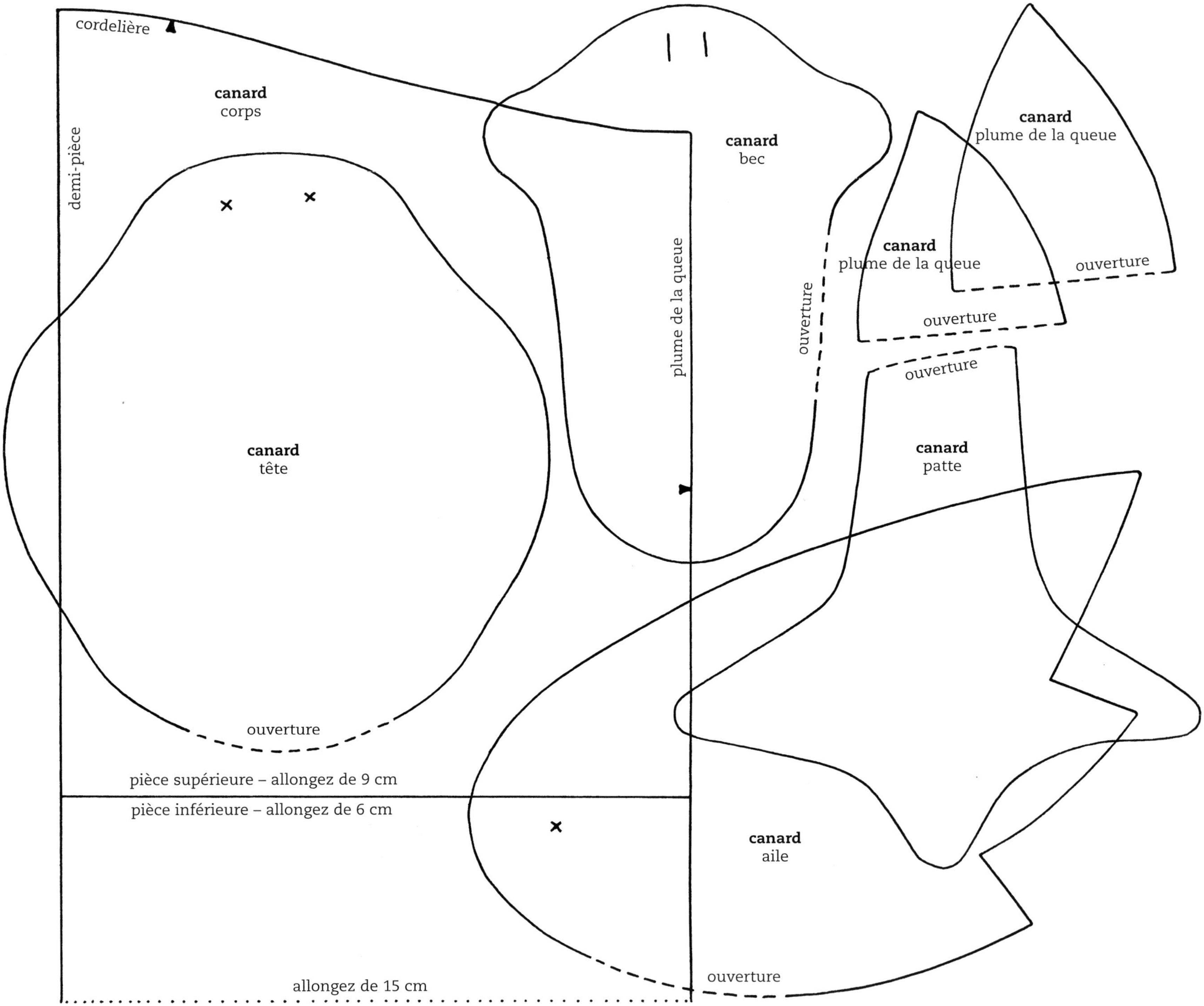

cordelière
canard
corps
demi-pièce
canard
tête
ouverture
pièce supérieure – allongez de 9 cm
pièce inférieure – allongez de 6 cm
allongez de 15 cm
plume de la queue
canard
bec
ouverture
canard
plume de la queue
ouverture
canard
plume de la queue
ouverture
ouverture
canard
patte
canard
aile
ouverture

JE

REVIENS

DE SUITE

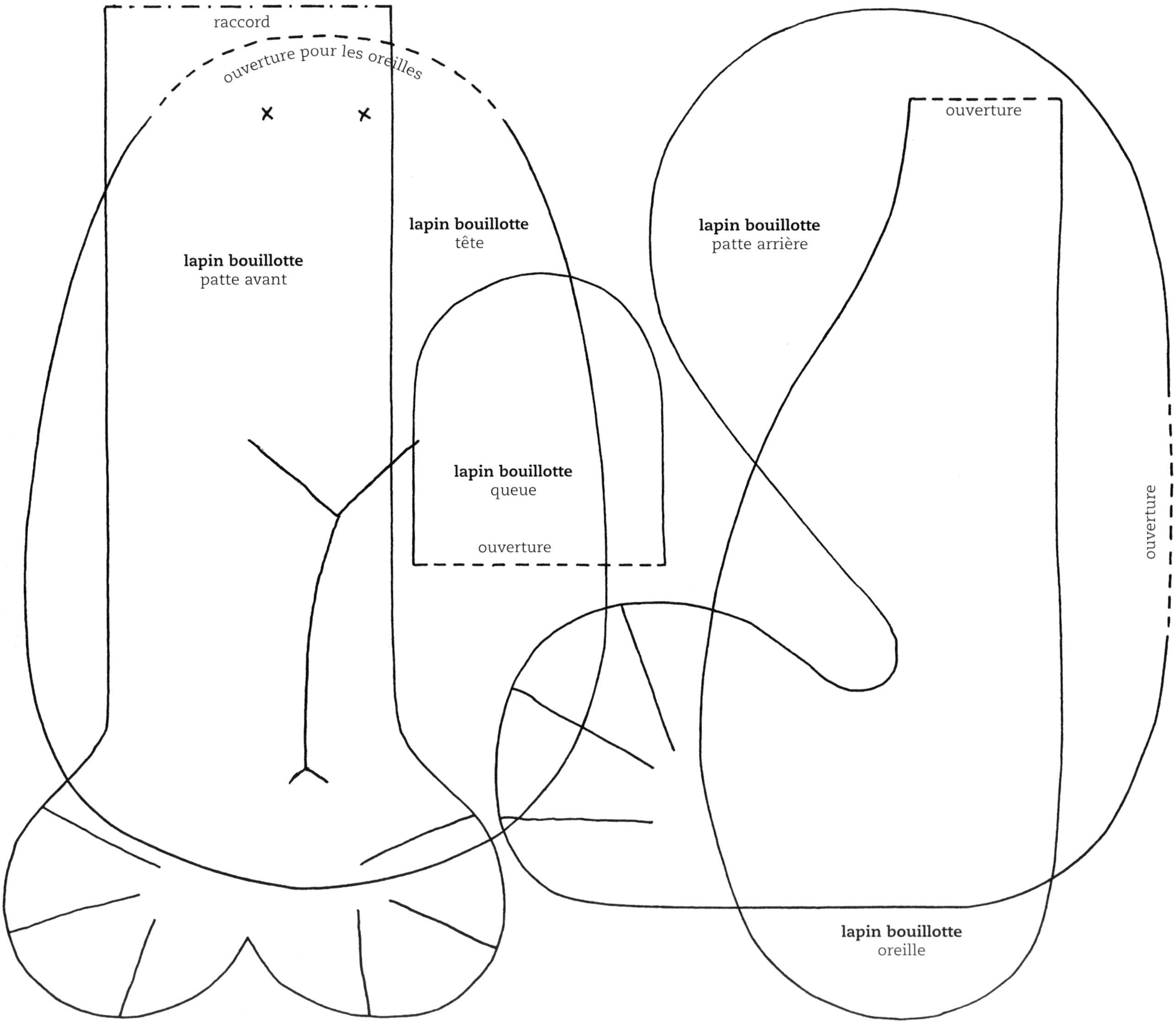
raccord
ouverture pour les oreilles
lapin bouillotte
patte avant
lapin bouillotte
tête
lapin bouillotte
queue
ouverture
lapin bouillotte
patte arrière
ouverture
ouverture
lapin bouillotte
oreille

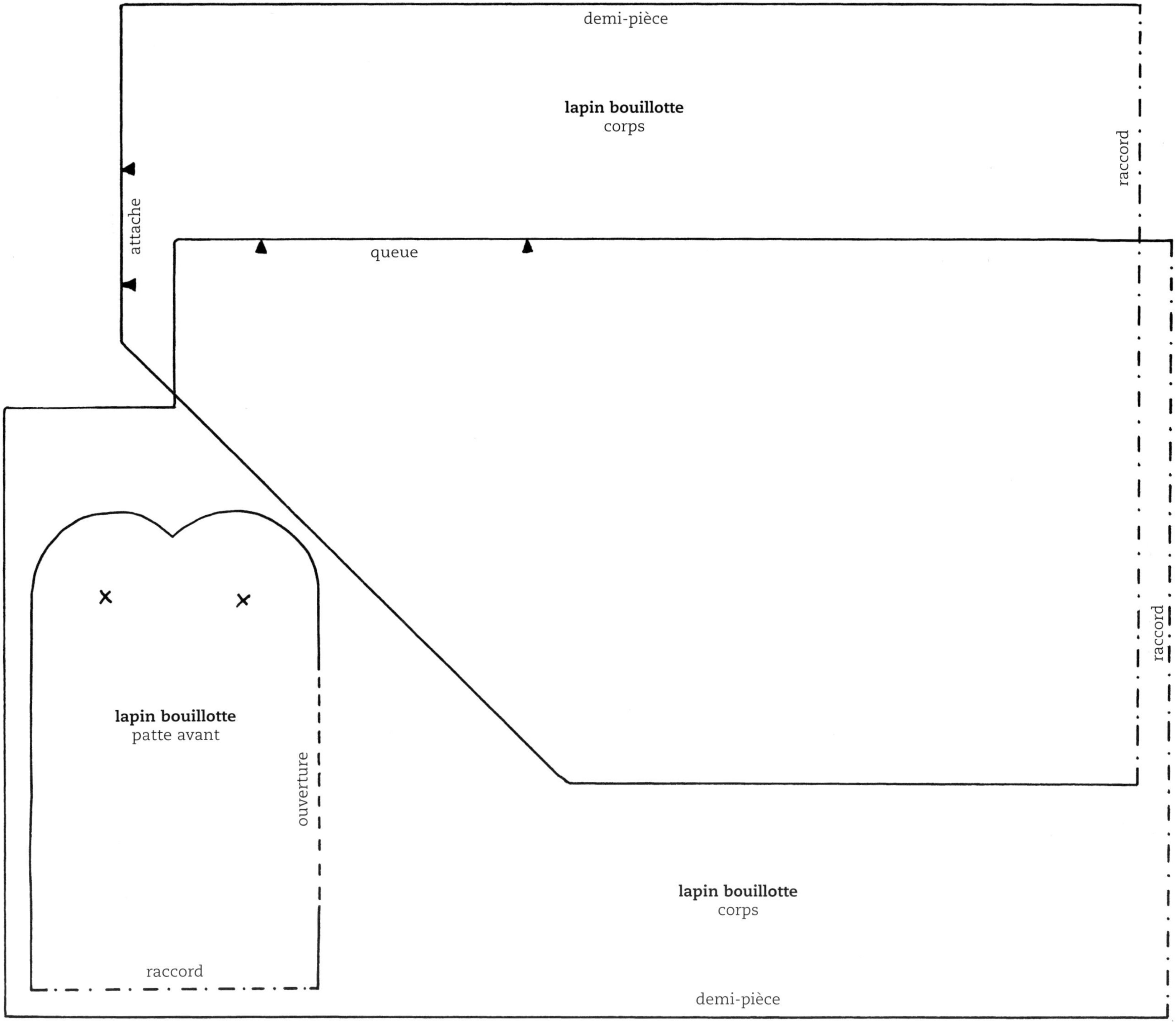
demi-pièce
lapin bouillotte
corps
raccord
attache
queue
lapin bouillotte
patte avant
ouverture
raccord
raccord
lapin bouillotte
corps
demi-pièce

Lapin bouillotte

Le corps des lapins mesure 27 x 40 cm, cet espace peut donc accueillir une bouillotte de taille standard. Le corps est doublé de manière à cacher les surplus de couture intérieurs, et il est fermé par une fermeture à glissière. Ici, les lapins ont été réalisés en tissu éponge, mais vous pouvez également utiliser du tissu polaire ; les pied frileux apprécieront tout autant.

Le patron figure aux pages 56 et 57.

Fournitures pour un lapin

tissu éponge pour la tête, les pattes et la queue, 35 x 50 cm
tissu éponge pour les oreilles, 20 x 20 cm
tissu pour les oreilles, 20 x 20 cm
tissu pour l'attache, 8 x 20 cm
fibre synthétique
petits boutons pour les yeux
tissu éponge pour le corps, 30 x 80 cm
doublure, 30 x 80 cm
fermeture à glissière, 25 cm

- Reproduisez les pièces du patron à taille réelle.
- Pliez le tissu éponge de la tête, d'une patte avant, d'une patte arrière et de la queue puis piquez selon la méthode de couture inversée (voir p. 9).
- Placez les deux tissus des oreilles endroit contre endroit puis piquez selon la méthode couture inversée ; ne rembourrez pas.
- Rembourrez généreusement la tête de fibre synthétique, placez les oreilles dans les ouvertures puis piquez au point glissé en même temps que vous fermez les ouvertures.
- Cousez de petits boutons pour les yeux puis ajoutez le museau par de longs points arrière.
- Rembourrez les pattes avant et la patte arrière de fibre synthétique et piquez-les comme indiqué sur le patron.
- Piquez les ouvertures des pattes au point glissé.
- Confectionnez une attache en suivant les explications de la page 10.
- Coupez deux pièces du corps dans le tissu éponge et deux autres pièces dans la doublure.
- Placez une pièce en tissu éponge sur une pièce en doublure endroit contre endroit, placez la fermeture à glissière entre les deux épaisseurs, l'endroit contre le tissu éponge.
- Piquez à une largeur de pied machine (ill. 1).
- Placez les pièces du corps envers contre envers puis surpiquez (ill. 2).

1

2

- Faites l'assemblage des deux autres pièces du corps (tissu et doublure) puis piquez l'autre partie de la fermeture à glissière en suivant la même méthode.
- Placez la patte avant et la patte arrière sur l'une des faces endroit du tissu éponge du corps, à 4,5 cm de la fermeture à glissière, et à 3,5 cm des coutures de côtés, ôtez les autres épaisseurs du corps.
- Piquez la patte avant au milieu de la pièce pour former les deux pattes puis cousez les boutons en haut de la pièce.
- Appliquez la patte arrière.
- Placez la partie éponge du corps et la doublure endroit endroit.
- Placez l'attache et la queue entre les parties éponge du corps comme indiqué sur le patron.
- Piquez les côtés des parties éponge du corps, ainsi que l'encolure, piquez également les côtés de la doublure et chaque fois à une largeur de pied machine (ill. 3).
- Ouvrez la moitié de la fermeture à glissière, faites correspondre une couture de côté de la partie éponge avec la fermeture à glissière, endroit contre endroit, puis alignez une couture de côté de la doublure et la fermeture à glissière, endroit contre envers.
- Piquez au travers de toutes les épaisseurs (ill. 4).
- Réalisez le coin opposé de la même manière.
- Placez la partie éponge et la doublure envers contre envers, puis piquez les épaules (ill. 5).
- Retournez sur l'endroit par l'encolure de la doublure puis piquez cette ouverture au point glissé.
- Appliquez la tête sur le corps.

3

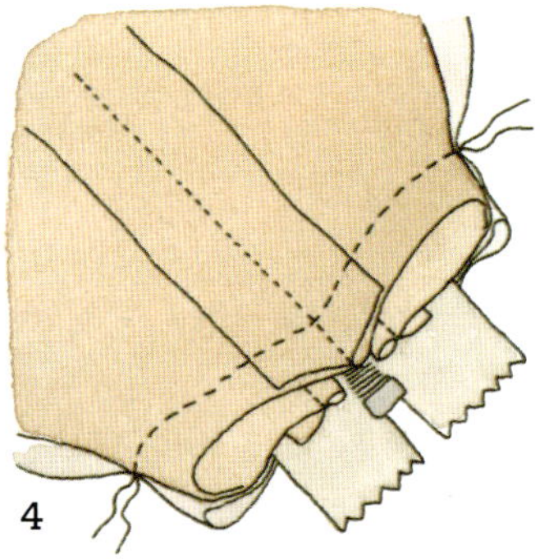

4

5

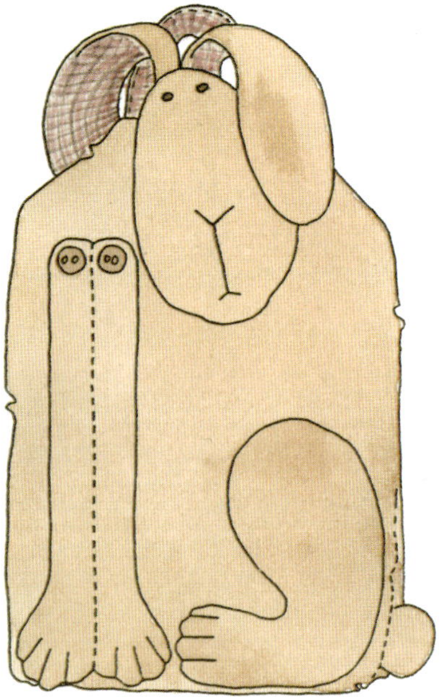

Cochons

Vêtus de leurs habits légers, les cochons ont emporté une bouée pour une excursion estivale.
Ils mesurent 42 cm environ.
Le patron figure à la page 66.

Fournitures pour un cochon
tissu de couleur chair pour le corps, 45 x 55 cm
tissu pour les pieds, 6 x 46 cm
viseline épaisse, 15 x 17 cm
fibre synthétique

- Reproduisez les pièces du patron à taille réelle.
- Coupez dans le tissu de couleur chair un morceau de 17 x 46 cm pour les pattes avant et arrière, un morceau de 25 x 27 cm pour le corps, un morceau de 12 x 27 cm pour la tête, un morceau de 5 x 11 cm pour le groin et un morceau de 5 x 20 cm pour les oreilles.
- Piquez le tissu des pattes et le tissu des pieds endroit contre endroit puis surpiquez la couture au niveau des pieds.
- Pliez les tissus de la tête et du groin endroit contre endroit et piquez (ill. 1a).
- Ouvrez les coutures au fer (ill. 1 b).
- Fixez la viseline sur l'envers puis piquez la tête et le groin (ill. 2).
- Pliez le tissu des oreilles endroit contre endroit puis fixez la viseline sur l'envers.
- Pliez le tissu des pattes et le tissu du corps endroit contre endroit puis piquez deux oreilles, deux pattes avant, deux pattes arrières et le corps selon la méthode de couture inversée (voir p. 9). Laissez une ouverture sur les pattes et le corps respectivement en haut et en bas.
- Rembourrez légèrement les oreilles et le groin de fibre synthétique puis quiltez à 2 mm du bord.
- Cousez les narines sur le groin au point arrière ou au point de nœud puis piquez l'ouverture au point glissé.
- Placez les oreilles sur la tête, piquez-les au point glissé puis rembourrez moyennement la tête.
- Appliquez le groin sur la tête, cousez les yeux au point de nœud et la bouche au point arrière.
- Rembourrez généreusement la moitié des pattes avant et arrière, continuez le rembourrage plus souplement.
- Piquez les ouvertures des pattes avant au point glissé.
- Placez les pattes arrière endroit contre endroit sur l'avant du corps puis piquez-les à une largeur de pied machine tout autour du bas du corps, repliez ensuite le surplus de couture en suivant le trait de couture.
- Remplissez fermement le corps de fibre synthétique, veillez à ce que l'encolure soit bien rigide. Faites un rentré de couture en bas du corps sur l'envers puis piquez l'ouverture au point glissé.
- Avant d'assembler la tête au corps, confectionnez les vêtements en suivant les explications des pages 62 et 64.

1a

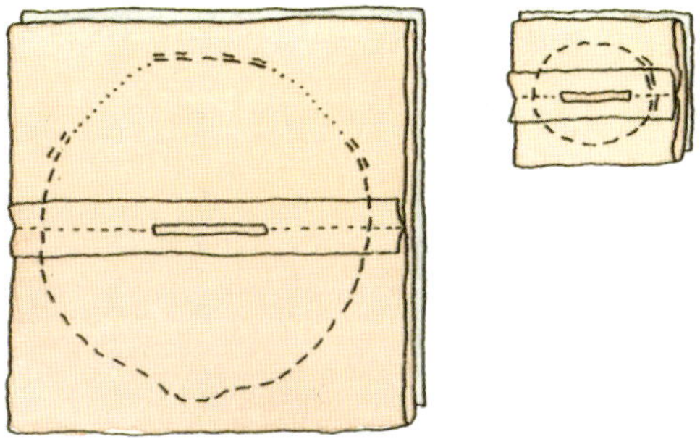
1b

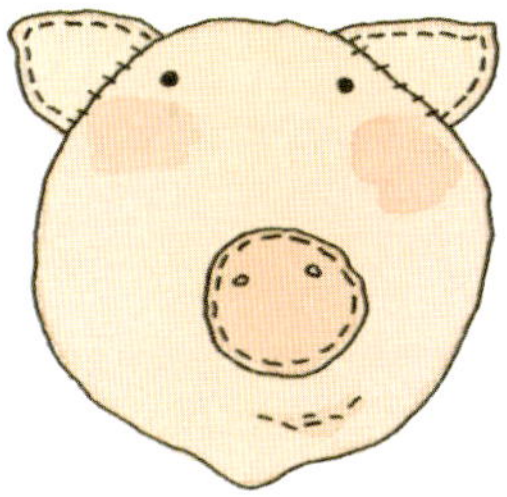
2

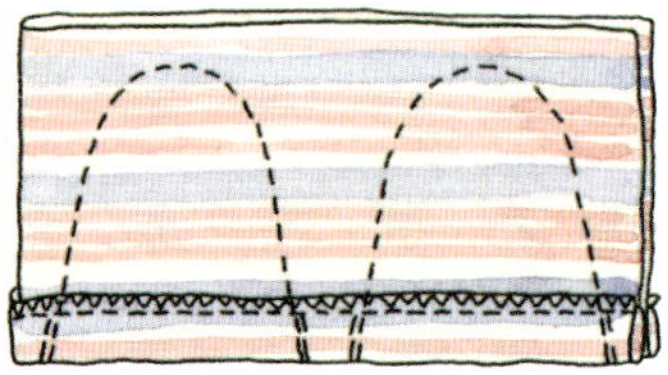
1a

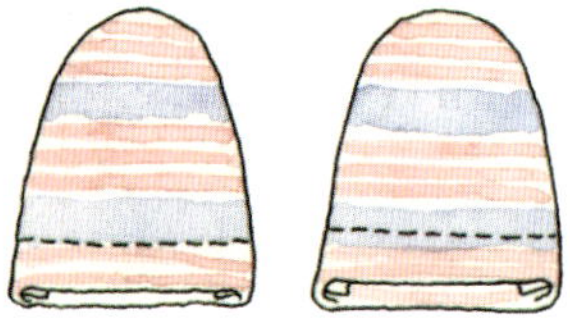
1b

2a

2b

T-shirt

Le patron figure à la page 67.

Fournitures
tissu, 30 x 38 cm
2 boutons pour les manches

- Coupez un morceau de tissu de 9,5 x 30 cm pour les manches.
- Surfilez un des côtés les plus longs, repassez au fer un rentré de couture de 1,5 cm sur l'envers puis piquez.
- Pliez le tissu endroit contre endroit puis piquez 2 manches (ill. 1a).
- Coupez les manches en laissant un surplus de couture de 3 à 4 mm, surfilez les bords ensemble puis retournez sur l'endroit (ill. 1b).
- Dans le restant du coupon du tissu, coupez une pièce devant et une dos, marquez un rentré de couture de 1 cm le long de l'encolure, faites quelques entailles jusqu'à la limite du repère puis repassez le pli sur l'envers.
- Piquez le rentré de couture à 2-3 mm du bord (ill. 2a).
- Surfilez le bord bas du T-shirt, repassez un rentré de couture de 1,5 cm sur l'envers, puis piquez (ill. 2a).
- Placez la pièce devant et la pièce dos endroit contre endroit puis piquez les bords à une largeur de pied machine.
- Coupez le surplus de couture à 3-4 mm du bord, surfilez les bords ensemble et retournez sur l'endroit (ill. 2b).
- Enfilez le T-shirt au corps.
- Insérez le cou à 1,5 cm dans l'ouverture de la tête puis assemblez ces pièces au point glissé (ill. 3a et 3b).
- Enfilez les manches aux bras puis assemblez-les au corps avec les boutons ; cousez les boutons en piquant l'aiguille d'un bras à l'autre, de part et d'autre du corps.

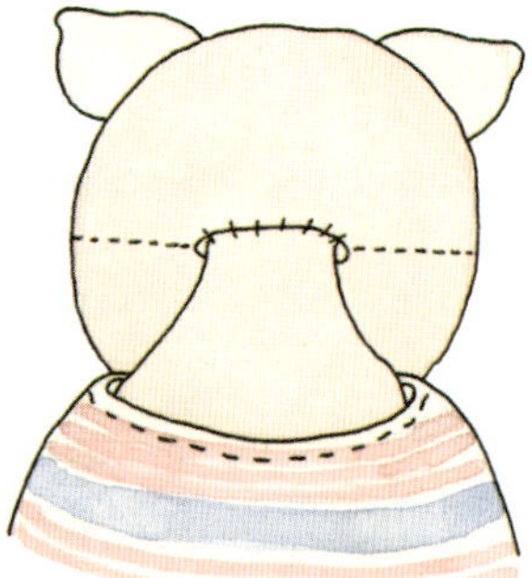
3a

3b

Chausses et pantalon

Les chausses et le pantalon sont confectionnés selon le même patron et les mêmes instructions. Le pantalon est légèrement plus long que les chausses.

Le patron figure à la page 67.

Fournitures

tissu pour les chausses, 16 x 40 cm
tissu pour le pantalon, 21 x 40 cm
élastique, 25 cm

- Reproduisez le patron à taille réelle.
- Coupez 2 chausses et 2 jambes de pantalon dans la pliure et placez ces 2 pièces endroit contre endroit (ill. 1a).
- Piquez le milieu devant à une largeur de pied machine puis surfilez les bords ensemble.
- Surfilez également la ceinture et le bas du pantalon.
- Repassez un rentré de couture de 1,5 cm sur l'envers (ill. 1b), puis piquez uniquement le pli du bas du pantalon.
- Ouvrez le pli situé à la ceinture, puis piquez le milieu dos de la même façon que le milieu devant.
- Repliez la ceinture puis piquez en laissant une ouverture pour y glisser l'élastique.
- Placez le milieu devant et le milieu dos endroit contre endroit, faites la couture intérieure des jambes de pantalon puis surfilez les bords ensemble.
- Glissez l'élastique dans la coulisse, puis piquez ensemble les extrémités par de petits points de surjet.

Robe d'été

Fournitures

tissu pour la robe, 40 x 50 cm
2 boutons pour les manches

- Coupez trois morceaux de tissu : un de 9,5 x 30 cm pour les manches, un de 13 x 34 cm pour le corsage, et un de 13,5 x 50 cm pour la jupe.
- Piquez les manches et le corsage selon les explications du T-shirt (p. 62). Mais, ne faites pas de rentré de couture sur le bord inférieur du corsage.
- Repassez au fer un rentré de couture de 1,5 cm sur l'envers d'un des côtés les plus longs de la jupe, puis ouvrez le pli.
- Surfilez tous les bords de la jupe, pliez la pièce endroit contre endroit puis piquez ensemble les bords les plus courts à une largeur de pied machine (ill. 2a).
- Ouvrez les coutures au fer, pliez le rentré de couture du bord inférieur puis piquez (ill. 2b).
- Cousez deux fils de fronce dans le bord supérieur de la jupe.
- Placez le corsage sur la jupe, endroit contre endroit (ill. 2b), froncez la jupe puis piquez à une largeur de pied machine. Ôtez les fils de fronce.
- Enfilez la robe au corps, puis placez la tête en suivant les instructions (p. 62 - ill. 3a et 3b).
- Enfilez les manches aux bras puis assemblez-les au corps avec les boutons ; cousez les boutons en piquant l'aiguille d'un bras à l'autre, de part et d'autre du corps.

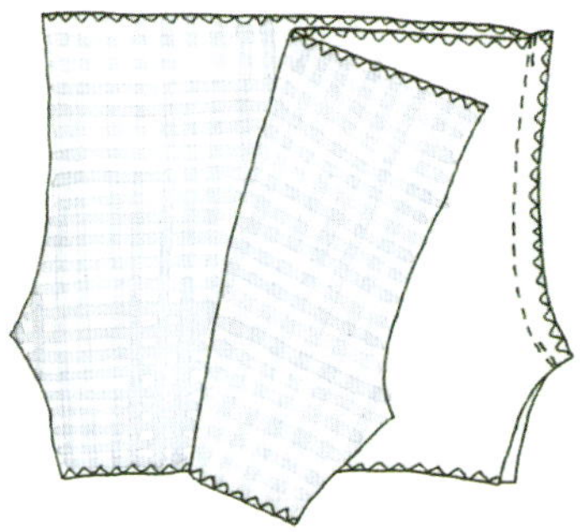

1a

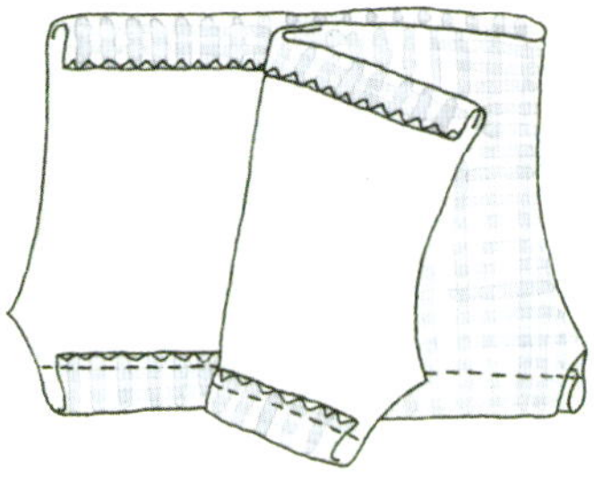

1b

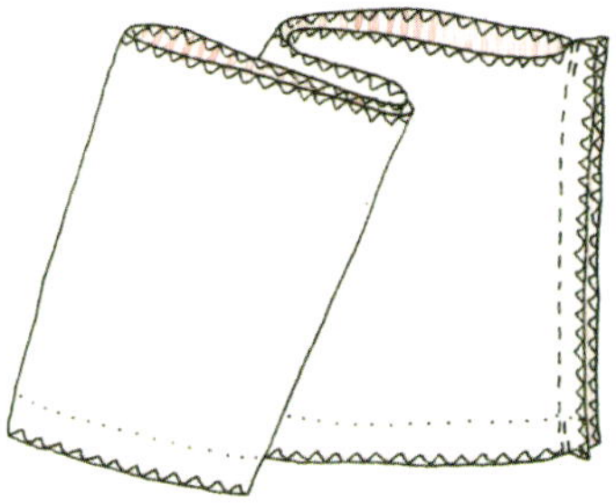

2a

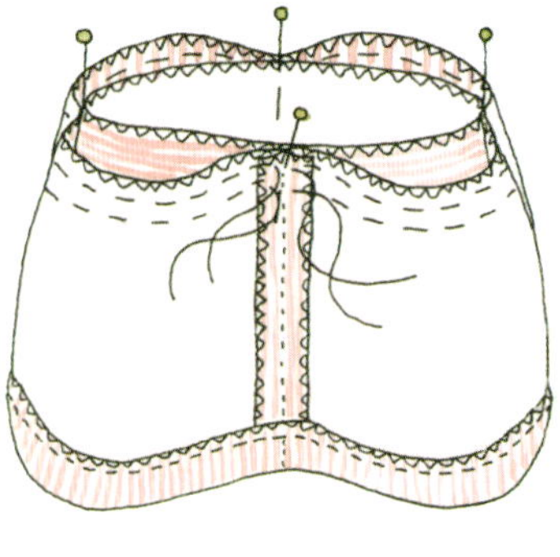

2b

Bouée de sauvetage

Fournitures pour une bouée
tissu pour la bouée, 11 x 45 cm
viseline épaisse, 9 x 43 cm
tissu pour les bandes, 7,5 x 50 cm
ruban de 5 mm de largeur pour la corde, 55 cm
fibre synthétique

- Coupez le tissu pour la bouée dans le biais.
- Fixez la viseline sur l'envers de la bande (ill. 1).
- Pliez la bande endroit contre endroit puis piquez (ill. 2), en laissant 5 cm libres à chaque extrémité.
- Retournez sur l'endroit, placez les extrémités endroit contre endroit puis piquez (ill. 3).
- Rembourrez fermement la bouée de fibre synthétique, puis piquez l'ouverture au point glissé.
- Pliez et piquez le tissu pour les bandes (ill. 2), piquez cette fois jusqu'aux extrémités et n'appliquez pas de viseline.
- Retournez sur l'endroit puis repassez au fer de sorte que la couture soit placée au milieu.
- Surpiquez le longs des bords.
- Coupez dans cette bande quatre morceaux de 12 cm de long chacun.
- Assemblez les extrémités de la corde par petits points puis placez la corde autour de la bouée. Maintenez-la par des épingles.
- Placez les quatre bandeaux autour de la bouée, faites un rentré de couture sur l'une des extrémités de chacun puis piquez au point glissé (ill. 4).

1

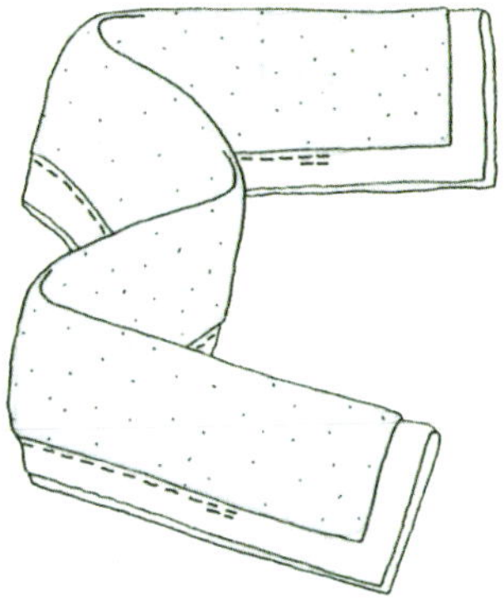

2

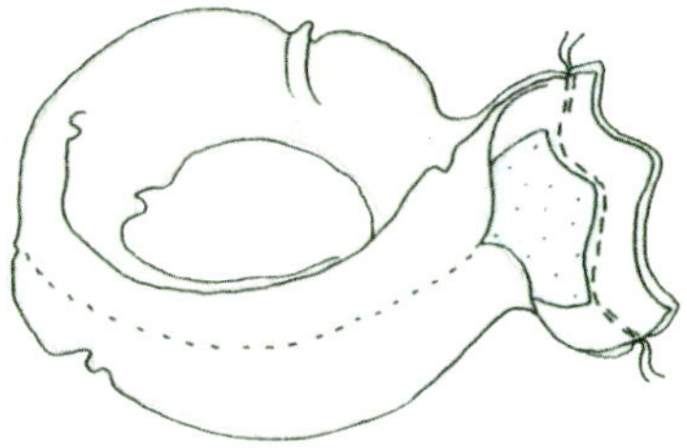

3

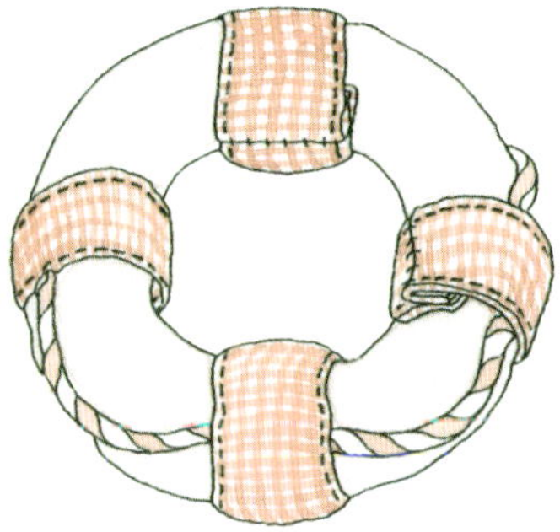

4

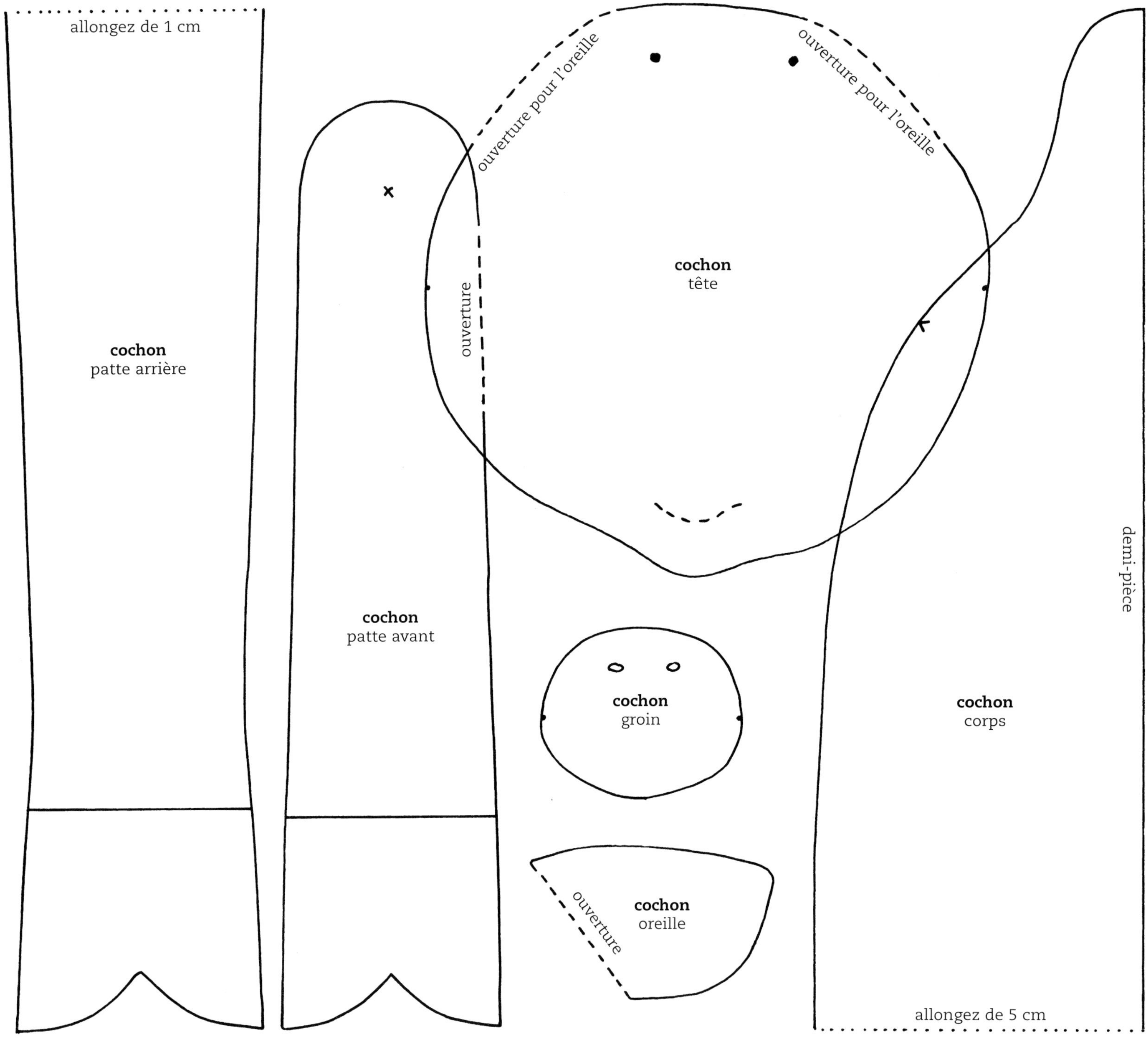
allongez de 1 cm
cochon
patte arrière
cochon
patte avant
ouverture pour l'oreille
ouverture pour l'oreille
ouverture
cochon
tête
cochon
groin
ouverture
cochon
oreille
demi-pièce
cochon
corps
allongez de 5 cm

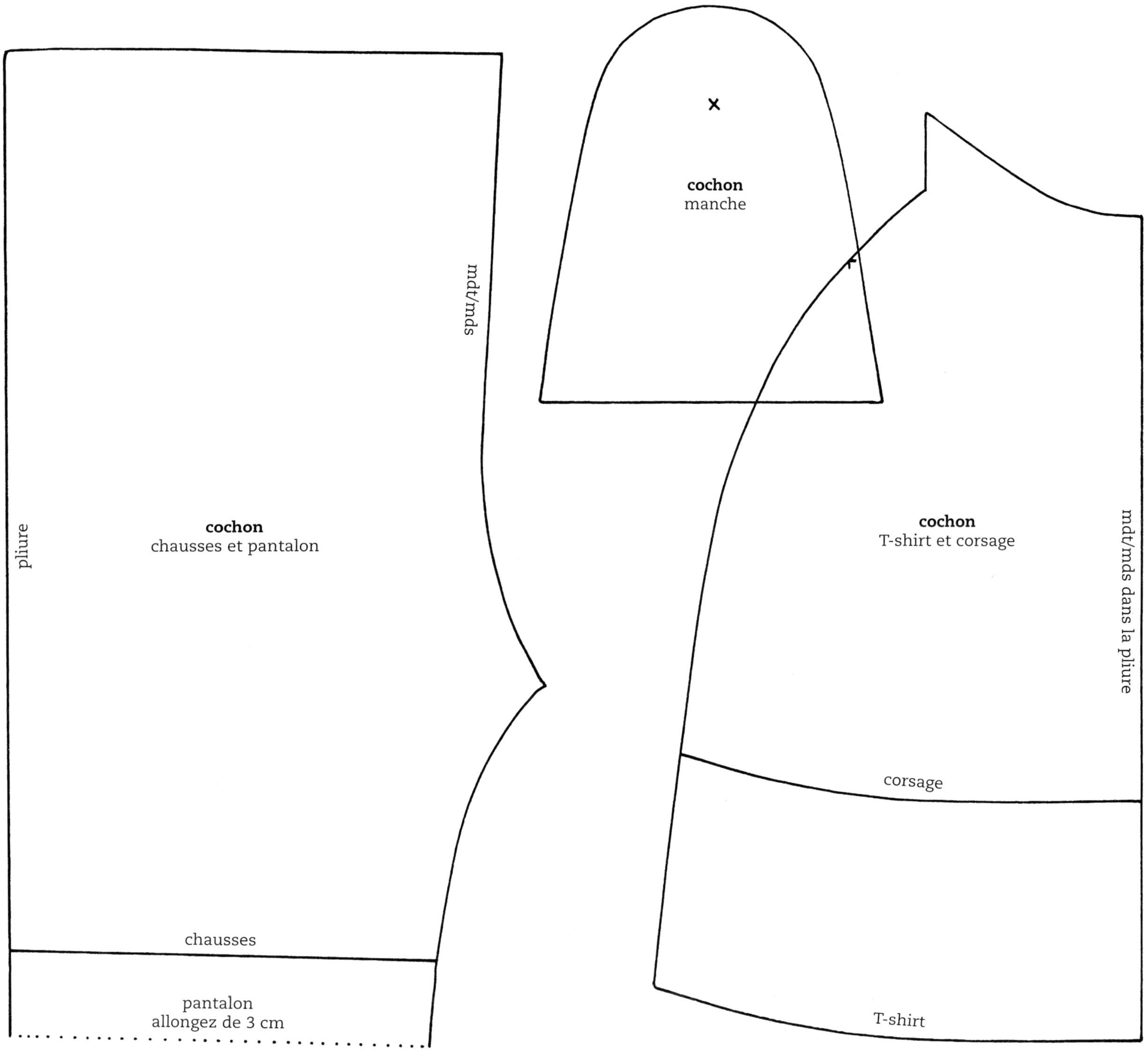
cochon
chausses et pantalon
pliure
mdt/mds
chausses
pantalon
allongez de 3 cm
cochon
manche
cochon
T-shirt et corsage
mdt/mds dans la pliure
corsage
T-shirt

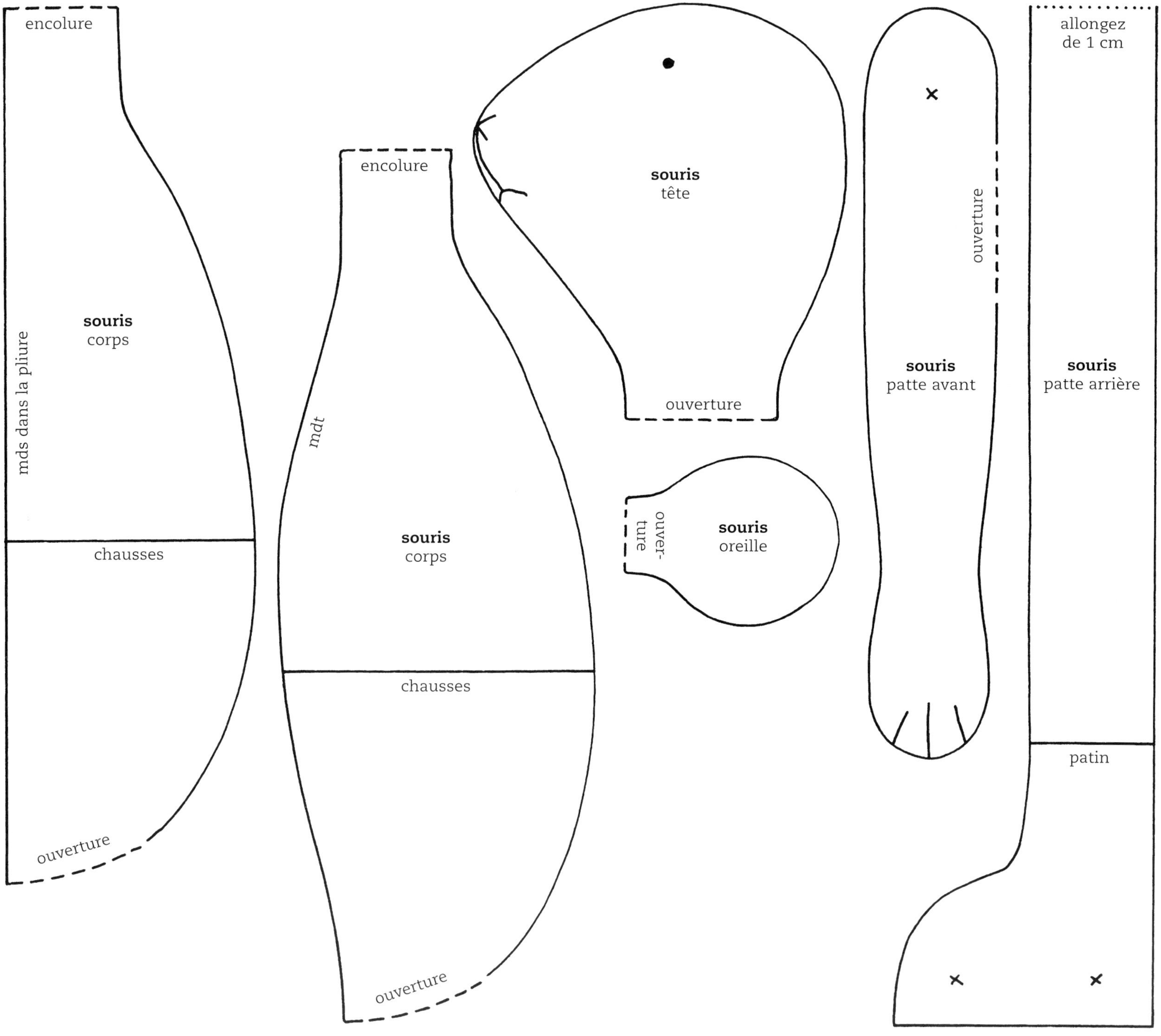

encolure
souris
corps
mds dans la pliure
chausses
ouverture
encolure
souris
corps
mdt
chausses
ouverture
souris
tête
ouverture
souris
oreille
ouver-
ture
souris
patte avant
ouverture
allongez
de 1 cm
souris
patte arrière
patin

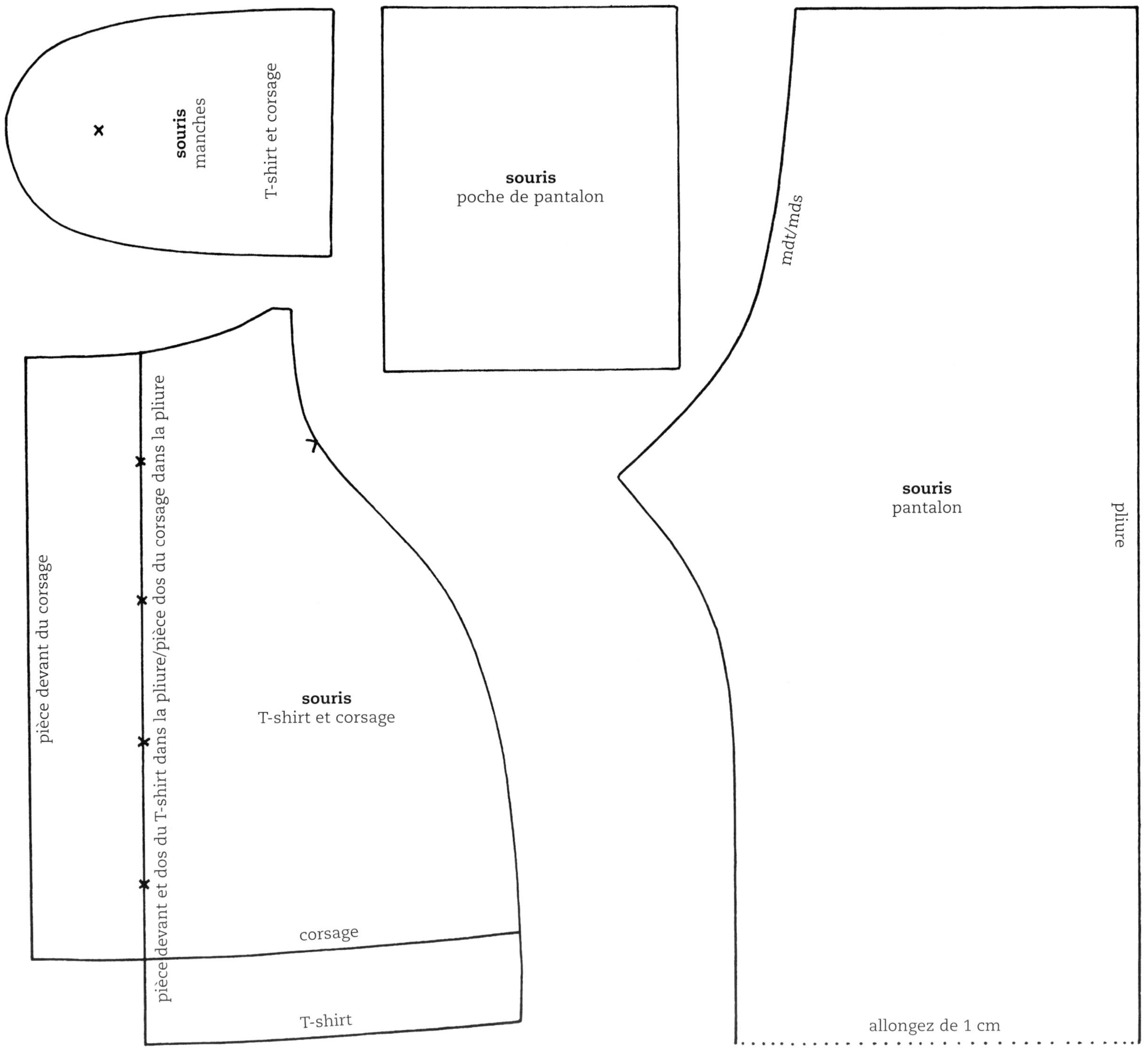

souris
manches
T-shirt et corsage
souris
poche de pantalon
mdt/mds
souris
pantalon
pliure
allongez de 1 cm
pièce devant du corsage
pièce devant et dos du T-shirt dans la pliure/pièce dos du corsage dans la pliure
souris
T-shirt et corsage
corsage
T-shirt

Souris patineuses

Les souris ont chaussé leurs patins à roulettes pour se déplacer à bord de l'arche. Elles sont toutes deux cousues à partir du même patron, à ceci près que Madame souris porte des chausses, qui sont cousues à la fois comme une partie du corps et comme un vêtement indépendant.
Si vous rembourrez très fermement le corps, les souris peuvent tenir en équilibre. Ces animaux mesurent 36 cm environ.

Le patron figure à la page 68.

Fournitures pour une souris
tissu pour le corps, 35 x 60 cm
tissu pour les chausses, 8 x 50 cm
tissu pour les patins, 7 x 25 cm
fibre synthétique
8 boutons pour les roues

- Reproduisez la pièce de la patte à taille réelle et marquez l'emplacement d'une ouverture en haut.
- Coupez un morceau de tissu de 15 x 30 cm pour la tête, les oreilles et les pattes avant.
- Coupez un morceau de tissu de 16 x 25 cm pour le corps, placez endroit contre endroit sur le tissu des patins, puis piquez à une largeur de pied machine.
- Surpiquez en abaissant le surplus de couture sur le tissu des patins.
- Pliez endroit contre endroit puis piquez selon la méthode de couture inversée (voir p. 9).
- Faufilez le tour de l'encolure en laissant un surplus de couture, puis rembourrez la tête de fibre synthétique.
- Faites un rentré de couture sur l'envers des oreilles puis piquez l'ouverture au point glissé.
- Placez les oreilles sur la tête puis piquez au point glissé.
- Cousez les yeux au point de nœud, puis le museau au point arrière.
- Fabriquez des moustaches avec les poils d'une brosse ou avec de la ficelle, puis cousez-les sous le museau (ill. 1).
- Rembourrez fermement la moitié des pattes avant de fibre synthétique puis continuez le rembourrage plus légèrement.
- Piquez les ouvertures des pattes avant au point glissé.
- Ajoutez les « doigts » au point arrière, comme indiqué sur le patron. Mettez les pattes avant de côté, elle seront assemblées au corps en même temps que les manches de la robe ou du T-shirt.
- Rembourrez très fermement les pattes arrière de fibre synthétique, jusqu'au bord supérieur.

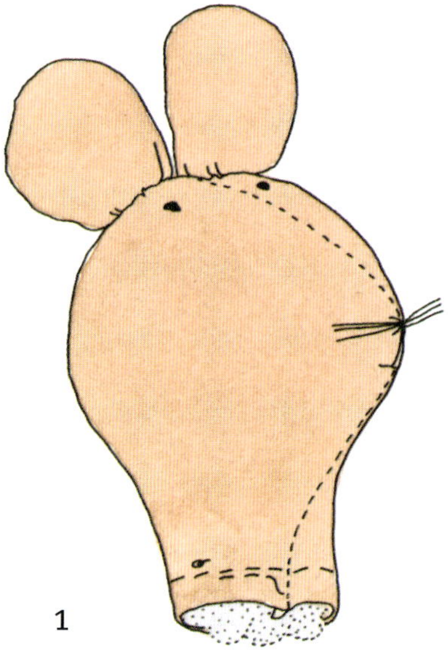

1

- Cousez quatre boutons sur chaque patin pour figurer les roues.
- Pour Madame souris, coupez un morceau de tissu pour le corps de 11 x 26 cm et un morceau de tissu pour les chausses de 8 x 26 cm.
- Piquez les pièces endroit contre endroit, abaissez le surplus de couture contre le tissu des chausses au fer à repasser, puis surpiquez.

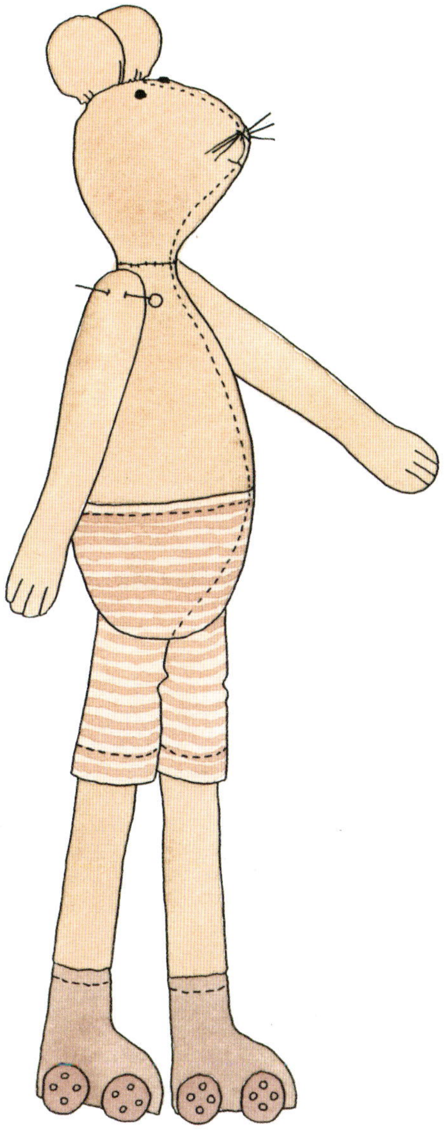

- Pour Monsieur souris, coupez un morceau de tissu pour le corps de 16 x 26 cm.
- Coupez le dos comme (ill. 2).
- Pliez le reste du tissu endroit contre endroit puis piquez le milieu devant de la pièce devant (ill. 3).
- Coupez le surplus de couture du milieu devant à 3 mm, coupez la pièce puis ouvrez-la.
- Faufilez l'encolure et l'ouverture en laissant un surplus de couture.
- Placez le dos et le devant endroit contre endroit puis piquez à une largeur de pied machine (ill. 4).
- Coupez le surplus de couture le long des côtés à 3 mm.
- Retournez sur l'endroit puis rembourrez très fermement.
- Coupez un morceau de tissu pour les chausses de 8 x 16, surfilez un des côtés les plus longs, faites un rentré de couture de 1,5 cm sur l'envers puis piquez.
- Pliez le tissu (ill. 5) puis faites les coutures intérieures des jambes à une largeur de pied machine.
- Séparez les jambes puis surfilez les bords ensemble.
- Retournez sur l'endroit puis enfilez les chausses aux pattes de Madame souris.
- Faites un rentré de couture sur l'envers de l'ouverture du corps, placez les pattes arrière puis piquez au point glissé.
- Faites un rentré de couture sur l'envers au niveau de l'encolure, placez la tête de Madame souris puis piquez au point glissé. Confectionnez le T-shirt avant de coudre la tête de Monsieur souris.

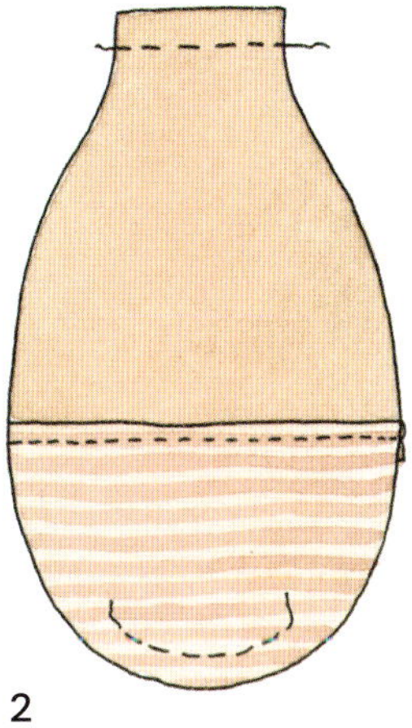

2

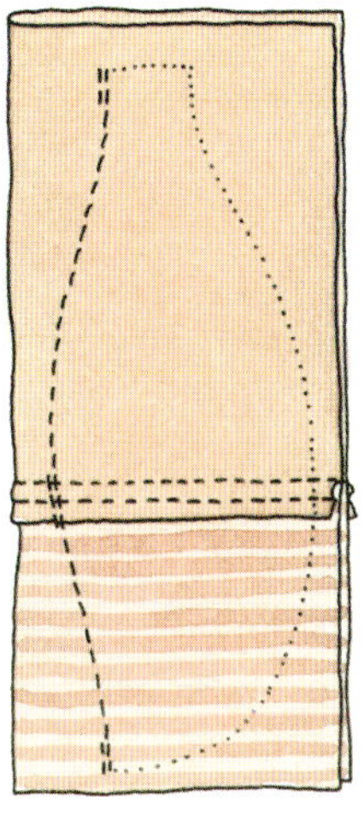

3

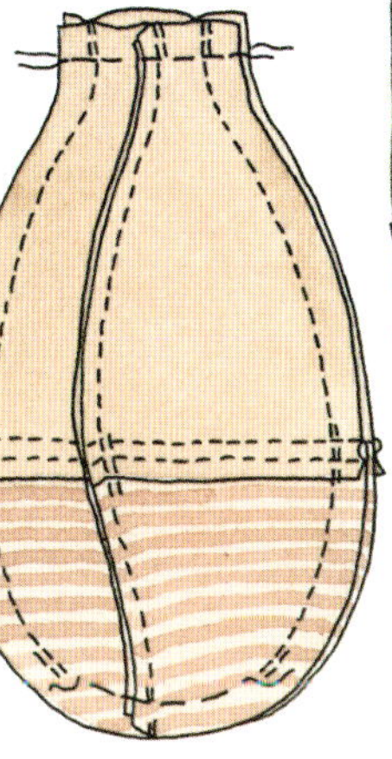

4

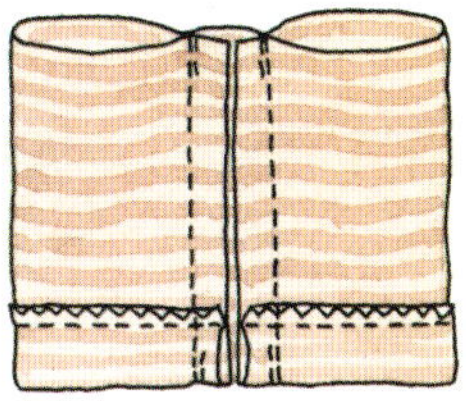

5

T-shirt

Le patron figure à la page 69.

Fournitures

tissu, 23 x 30 cm
2 boutons pour les manches

- Coupez un morceau de tissu de 8 x 24 cm pour les manches puis confectionnez le T-shirt en suivant les instructions de la page 62.
- Enfilez le T-shirt au corps de Monsieur souris puis piquez la tête au point glissé.
- Enfilez les manches aux bras, puis assemblez-les avec les boutons, cousez les boutons ensemble, en piquant l'aiguille à travers les bras, de part et d'autre du corps.

Pantalon

Le patron figure à la page 69.

Fournitures

tissu, 20 x 55 cm
élastique, 20 cm

- Coupez un morceau de tissu de 14 x 14 cm pour confectionnez les deux poches.
- Pliez endroit contre endroit puis piquez les poches (ill. 1a).
- Coupez les poches en laissant un surplus de couture de 3 mm le long des côtés puis retournez sur l'endroit.
- Faites des surpiqûres à 7,5 mm du bord (ill. 1b).
- Coupez deux jambes de pantalon dans le reste du tissu.
- Placez les poches à 3 cm du côté et à 3,5 cm du bord bas (ill. 2).
- Piquez les poches à 1-2 mm du bord.
- Piquez le pantalon en suivant les instructions de la page 64. Surpiquez la couture de la ceinture et celle du bas des jambes (ill. 3).

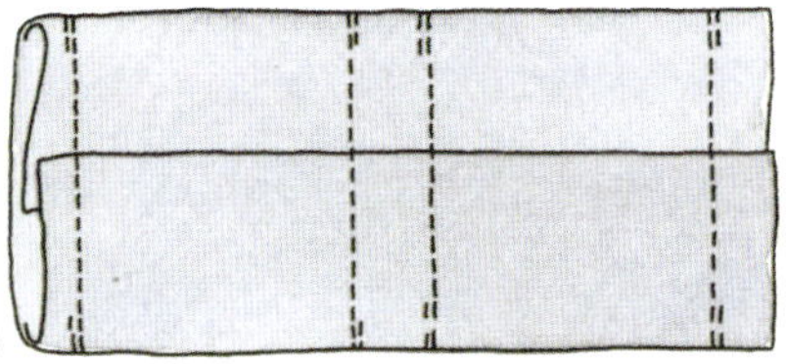

1a

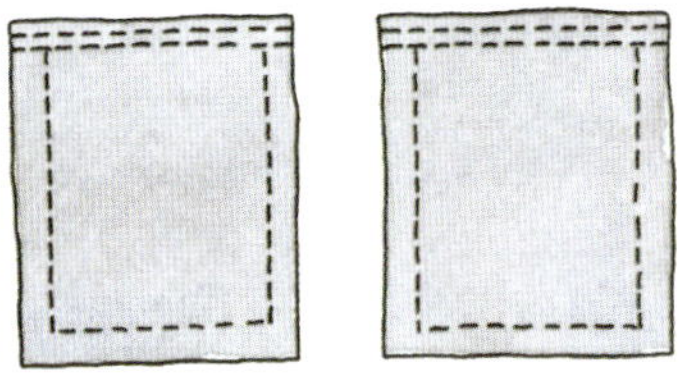

1b

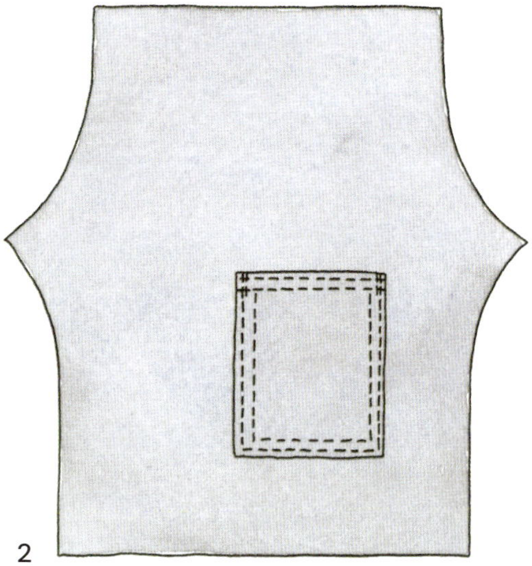

2

3

Robe

Le patron figure à la page 69.

Fournitures

tissu pour la robe, 30 x 40 cm
4 petits boutons pour la fermeture
2 boutons pour les manches

- Coupez un morceau de 10 x 40 cm pour la jupe et un morceau de 8 x 24 cm pour les manches.
- Coupez ensuite une pièce dos et deux pièces devant pour le corsage.
- Marquez un rentré de couture de 7,5 mm le long de l'encolure, faites de petites entailles jusqu'à la limite du repère puis repassez le pli sur l'envers.
- Piquez les rentrés de couture à 2 mm du bord (ill. 1).
- Surfilez le bord intérieur des deux pièces devant puis faites un rentré de couture de 1,5 cm sur l'envers.
- Marquez l'emplacement de quatre boutons puis cousez les deux boutons inférieurs à travers les deux pièces devant (ill. 2).
- Placez les pièces devant endroit contre endroit sur la pièce dos, piquez les côtés à une largeur de pied machine, coupez le surplus de couture à 3 mm puis surfilez les bords ensemble.
- Surfilez le bas du corsage puis retournez sur l'endroit.
- Piquez les manches à la robe en suivant les instructions de la page 62.
- Piquez la jupe puis assemblez-la au corsage en suivant les instructions de la page 64.
- Enfilez la robe au corps puis cousez les deux boutons restants à travers les deux pièces devant.
- Enfilez les manches aux pattes avant puis assemblez-les avec les boutons, cousez les boutons en piquant l'aiguille d'un bras à l'autre, de part en part du corps.

1

2

Poissons

Les poissons sont à l'honneur dans ce chapitre. Tour à tour manique, trousse à maquillage, trousse à crayon et pochette à enveloppes, le hareng et le carrelet accompagnent votre quotidien. Les yeux sont figurés par des boutons, pour plus de réalisme, superposez un petit bouton sur un plus grand.

Hareng manique

À défaut d'être poêlé, ce hareng servira à tenir le manche de la poêle. Grâce à la doublure isolante, on ne se brûle pas la main en manipulant les ustensiles chauds.

La manique mesure 8 x 23 cm.
Le patron figure à la page 81.

Fournitures pour un hareng
tissu pour le corps, 22 x 50 cm
doublure isolante, 22 x 25 cm
tissu pour la tête, 8 x 15 cm
tissu pour les nageoires, 9 x 17 cm
viseline épaisse, 4,5 x 17 cm
tissu pour l'attache, 4 x 9 cm
boutons pour les yeux

- Reproduisez la pièce du corps à taille réelle.
- Coupez deux pièces du corps dans le tissu et une pièce du corps dans la doublure.
- Pliez le tissu des nageoires (ill. 1), fixez la viseline sur l'envers puis piquez deux petites nageoires et une nageoire caudale. Vous pouvez également confectionner les nageoires avec plusieurs morceaux de tissus variés.
- Retournez sur l'endroit puis quiltez les nageoires à la machine (ill. 2).
- Confectionnez une attache en suivant les instructions de la page 10.
- Pliez l'attache puis placez-la sur la nageoire caudale (ill. 3), piquez si vous le souhaitez à une largeur de pied machine.
- Faites un rentré de couture sur l'envers sur les deux côtés rectilignes de la tête, placez la tête envers contre endroit sur la pièce supérieure du corps et insérez les deux petites nageoires entre les deux épaisseurs.
- Piquez la tête à 1-2 mm du bord (ill. 4).
- Bâtissez une couture sur les pièces inférieure et supérieure du corps au niveau de l'ouverture (ill. 5).
- Placez les deux pièces du corps endroit contre endroit en intercalant la doublure isolante, puis piquez à une largeur de pied machine (ill. 5).
- Coupez le surplus de couture à 3 mm, allongez le surplus à 5 mm au niveau de l'ouverture, puis retournez sur l'endroit.

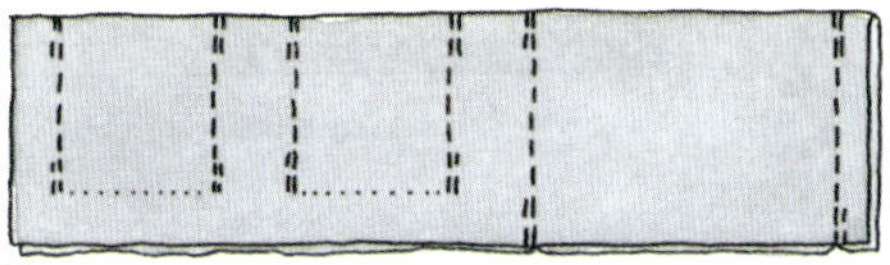
1

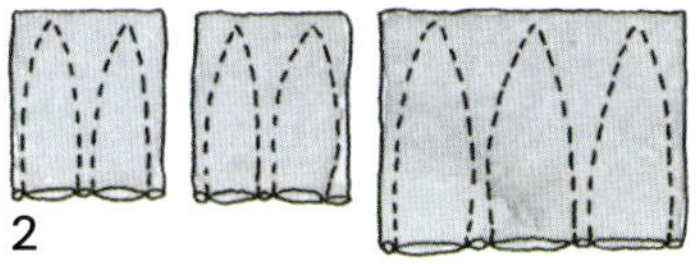
2

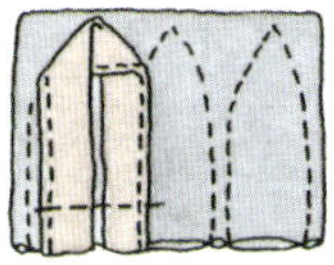
3

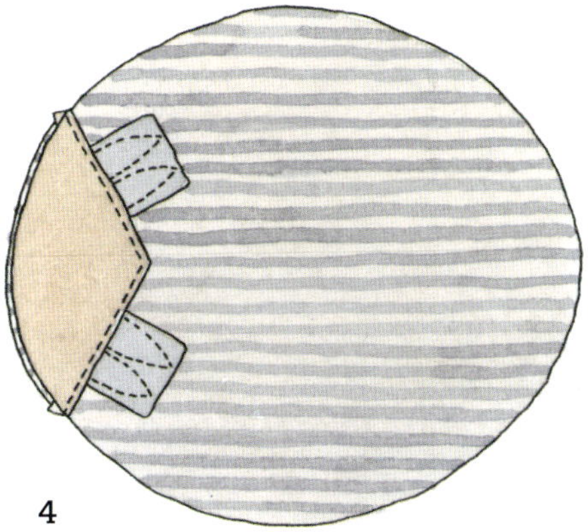
4

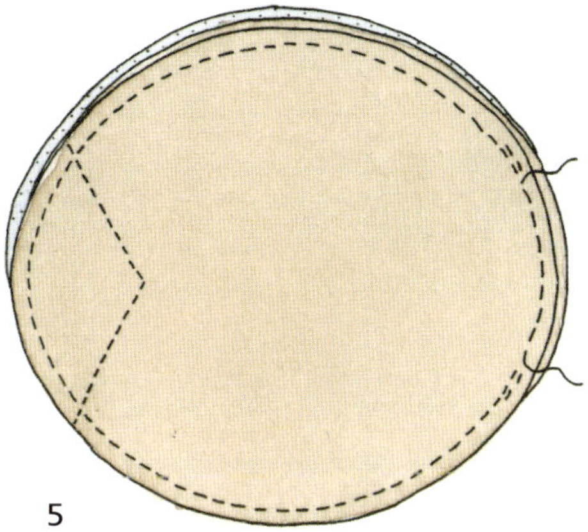
5

- Faites un rentré de couture sur l'envers de l'ouverture, placez la nageoire caudale dans l'ouverture puis piquez au point glissé.
- Quiltez le poisson (ill. 6) puis cousez les boutons pour figurer les yeux.
- Pliez le poisson envers contre envers puis piquez le fond au point glissé sur 10 cm (ill. 7).

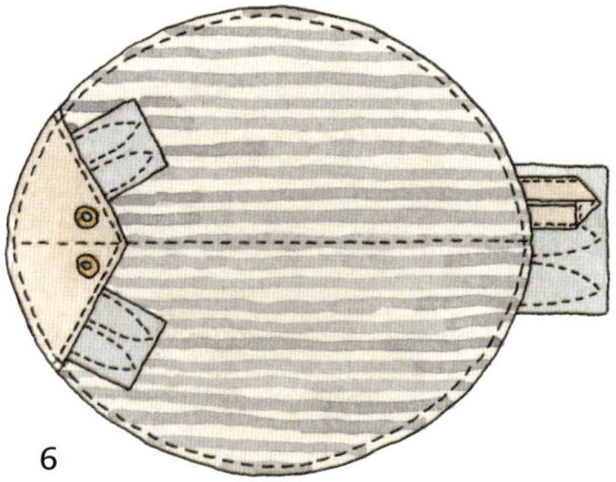

6

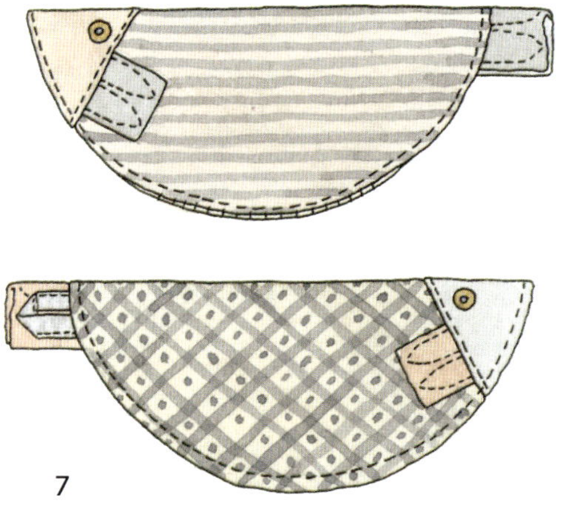

7

Carrelets

Le carrelet est confectionné avec de la doublure isolante, ainsi vous pouvez l'utiliser comme manique ou comme dessous de plat. Ce poisson, dont la réalisation est presque similaire à celle du hareng, mesure 20 cm de diamètre.

Le patron figure à la page 81.

Fournitures pour un carrelet

tissu pour le corps, 50 x 50 cm
doublure isolante, 25 x 50 cm
tissu pour la tête et la nageoire caudale, 20 x 30 cm
tissu pour la nageoire et l'attache, 16 x 20 cm
viseline épaisse, 7 x 32 cm
boutons pour les yeux

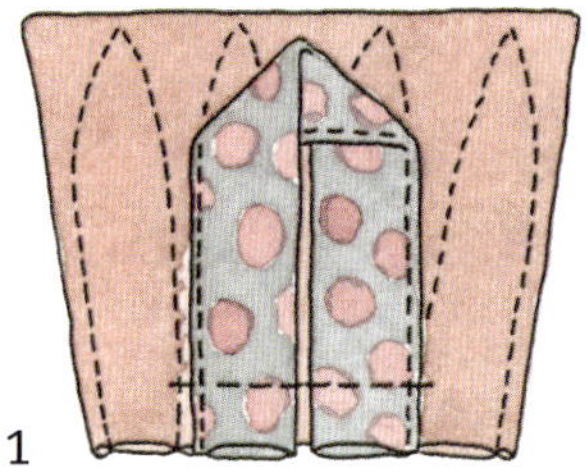

1

- Confectionnez un carrelet à la fois.
- Reproduisez les pièces du patron à taille réelle.
- Coupez deux pièces du corps dans le tissu et une pièce dans la doublure.
- Coupez un morceau de tissu de 6 x 12 cm pour l'attache, puis dans le reste du tissu, coupez la tête, une petite nageoire et une nageoire caudale.
- Faites un rentré de couture sur l'envers le long de l'un des côtés arrondis de la tête.
- Piquez le carrelet en suivant les instructions pour le hareng, cependant, placez l'attache au milieu de la face arrière de la nageoire caudale (ill. 1).
- Quiltez le carrelet (ill. 2) ; pour quilter la petite nageoire, repliez-la sur le côté.
- Piquez un second carrelet en suivant la même méthode.

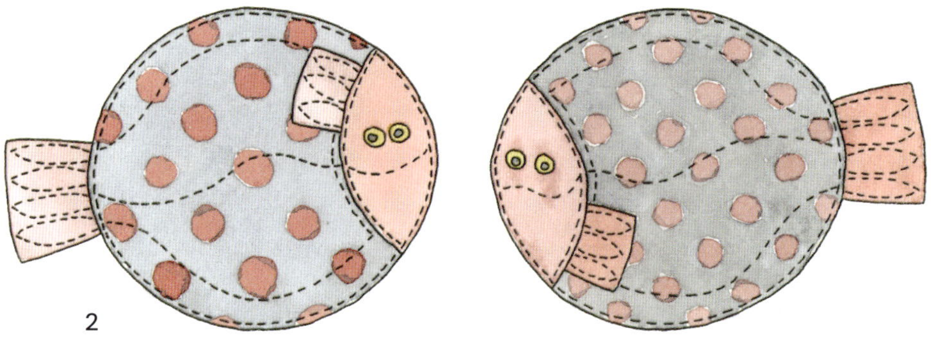

2

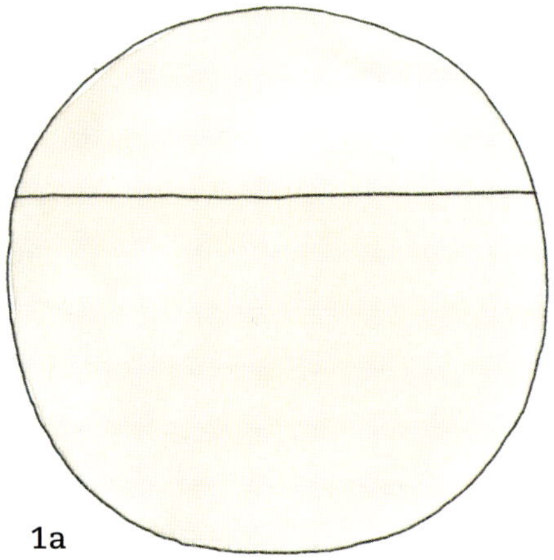

1a

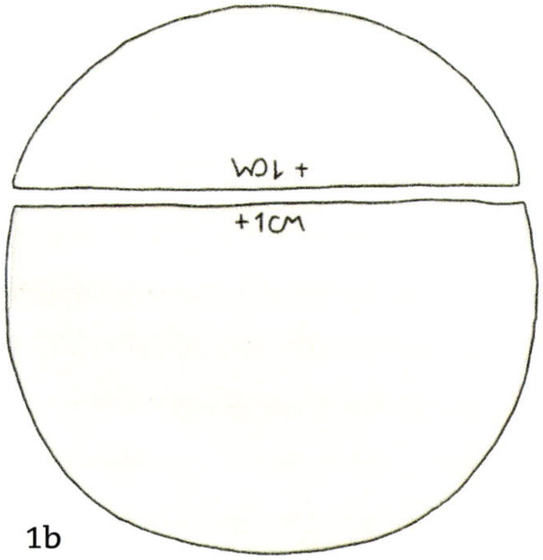

1b

Hareng de compagnie

Qui n'a jamais eu envie de se promener en compagnie d'un hareng ? Voici les instructions pour réaliser deux modèles de harengs, un petit et un grand, qui tous deux comportent une fermeture à glissière. Le plus petit mesure 14 x 26 cm, il peut servir de trousse à maquillage ou de trousse à crayon, tandis que le plus grand, mesurant 20 x 34 cm pourra recueillir tous types de papiers ou des enveloppes.

Les patrons figurent aux pages 82 et 83.

Fournitures pour un petit/grand modèle

tissu pour le corps, 30 x 35 cm / 38 x 45 cm
doublure pour le corps, 30 x 35 cm / 38 x 45 cm
viseline épaisse, 30 x 35 cm / 38 x 45 cm
fermeture à glissière, 30 cm / 40 cm
tissu pour les nageoires, 10 x 20 cm / 12 x 27 cm
tissu pour la tête, 8 x 20 cm / 10 x 22 cm
Biais, 6,5 x 55 cm / 6,5 x 65 cm

- Reproduisez la pièce du corps à taille réelle (ill. 1a). Tracez une ligne de séparation.
- Séparez la pièce au niveau de la ligne (ill. 1b).
- Coupez ces deux pièces dans le tissu, la doublure et la viseline en ajoutant un surplus de couture de 1 cm le long de la ligne de séparation.
- Fixez la viseline sur l'envers de la doublure.
- Placez le tissu et la doublure endroit contre endroit en intercalant la fermeture à glissière ; l'endroit de la fermeture doit être placée sur le tissu.
- Piquez à une largeur de pied machine (ill. 2a).
- Pliez le tissu et la doublure envers contre envers.
- Avec le doigt, appuyez sur la doublure en la dégageant de la fermeture à glissière, puis surpiquez sur l'endroit (ill. 2b).

2a

2b

- Piquez le reste du tissu et de la doublure sur l'autre côté de la fermeture à glissière en suivant la méthode précédente.
- Piquez puis quiltez les nageoires en suivant les instructions de la page 75.
- Coupez la tête, faites un rentré de couture sur l'envers le long des côtés rectilignes.
- Ouvrez la fermeture à glissière puis bâtissez grossièrement en travers de la fermeture.
- Placez la tête sur le corps en intercalent les nageoires puis piquez à 1-2 mm du bord (ill. 3).
- Quiltez la ligne du dos du poisson puis faufilez la nageoire caudale (ill. 4).
- Pliez le corps endroit contre endroit puis pliez le biais envers contre envers.
- Piquez le biais sur le corps à une largeur de pied machine (ill. 5).
- Repliez le biais sur le surplus de couture, pliez soigneusement les extrémités vers l'intérieur puis piquez le biais au point glissé.
- Retournez sur l'endroit puis cousez les boutons à la place des yeux.

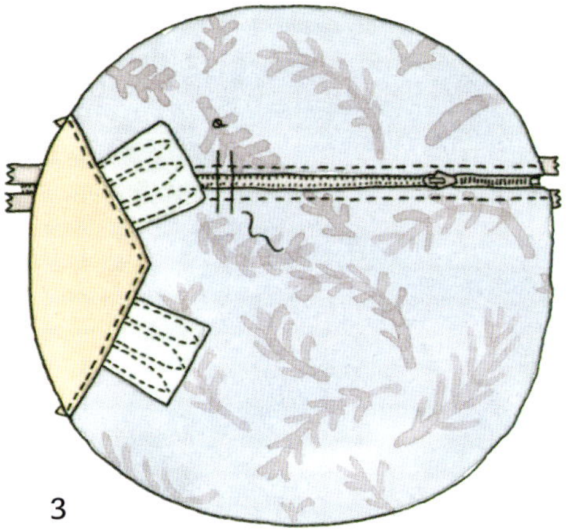

3

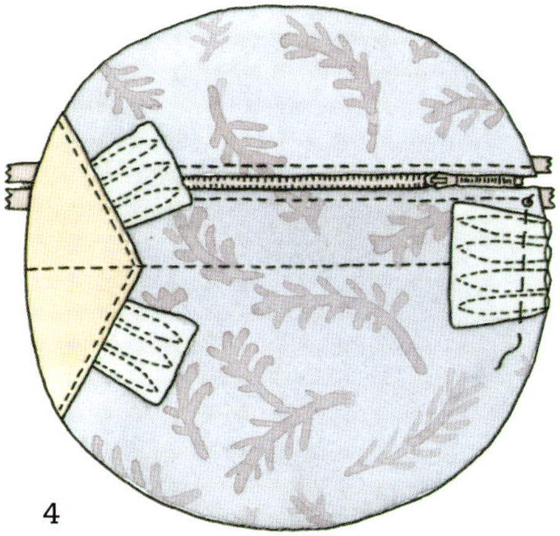

4

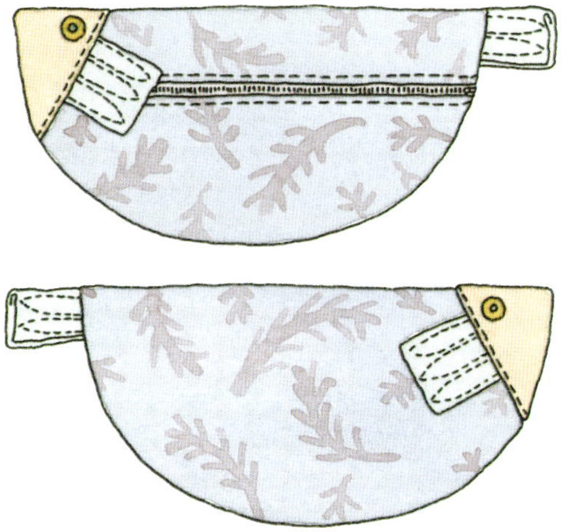

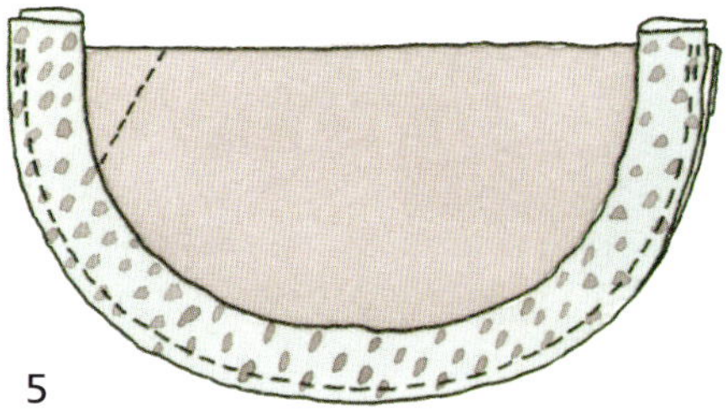

5

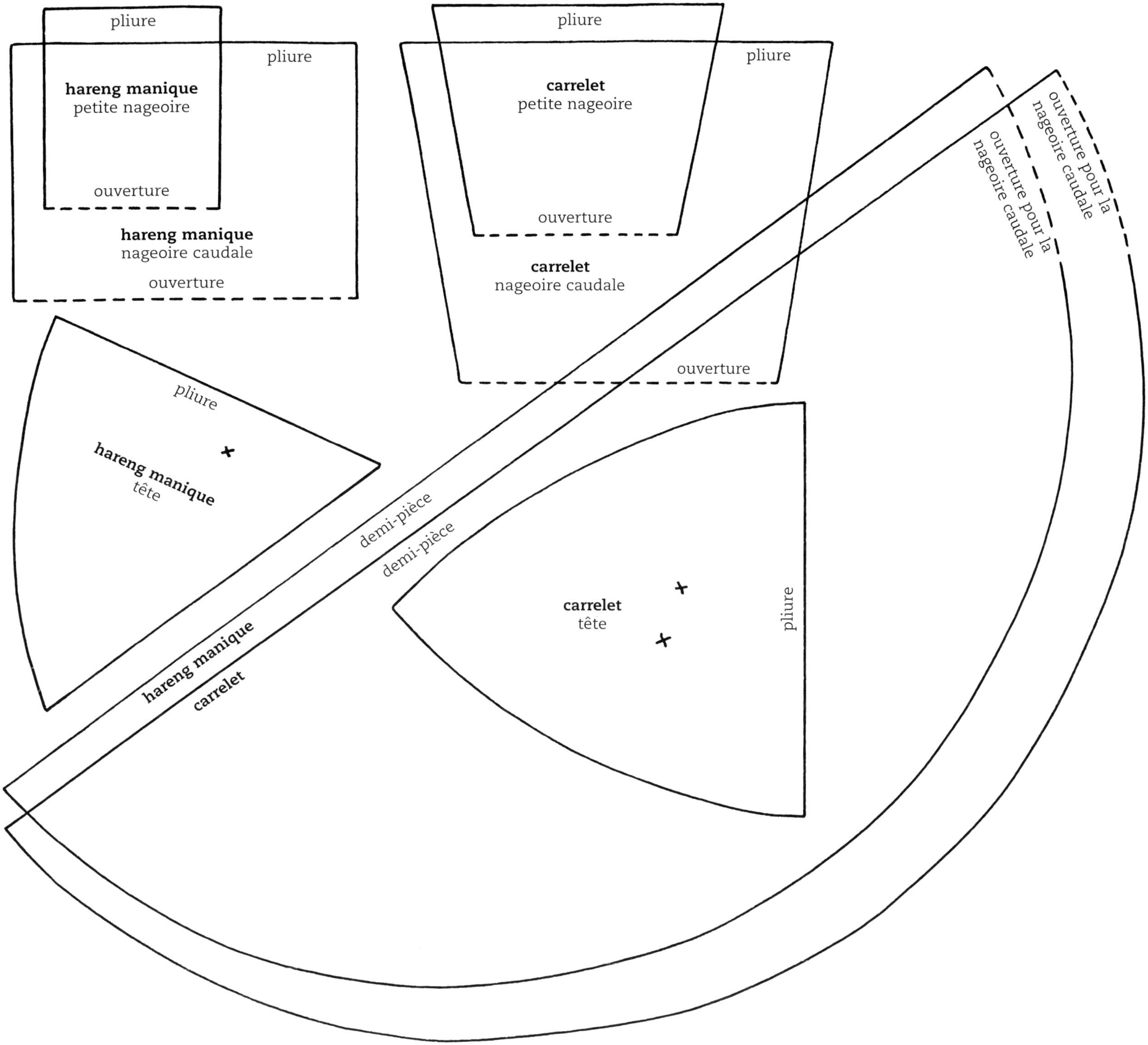
pliure
pliure
hareng manique
petite nageoire
ouverture
hareng manique
nageoire caudale
ouverture
pliure
pliure
carrelet
petite nageoire
ouverture
carrelet
nageoire caudale
ouverture
ouverture pour la
nageoire caudale
ouverture pour la
nageoire caudale
pliure
hareng manique
tête
demi-pièce
demi-pièce
hareng manique
carrelet
carrelet
tête
pliure

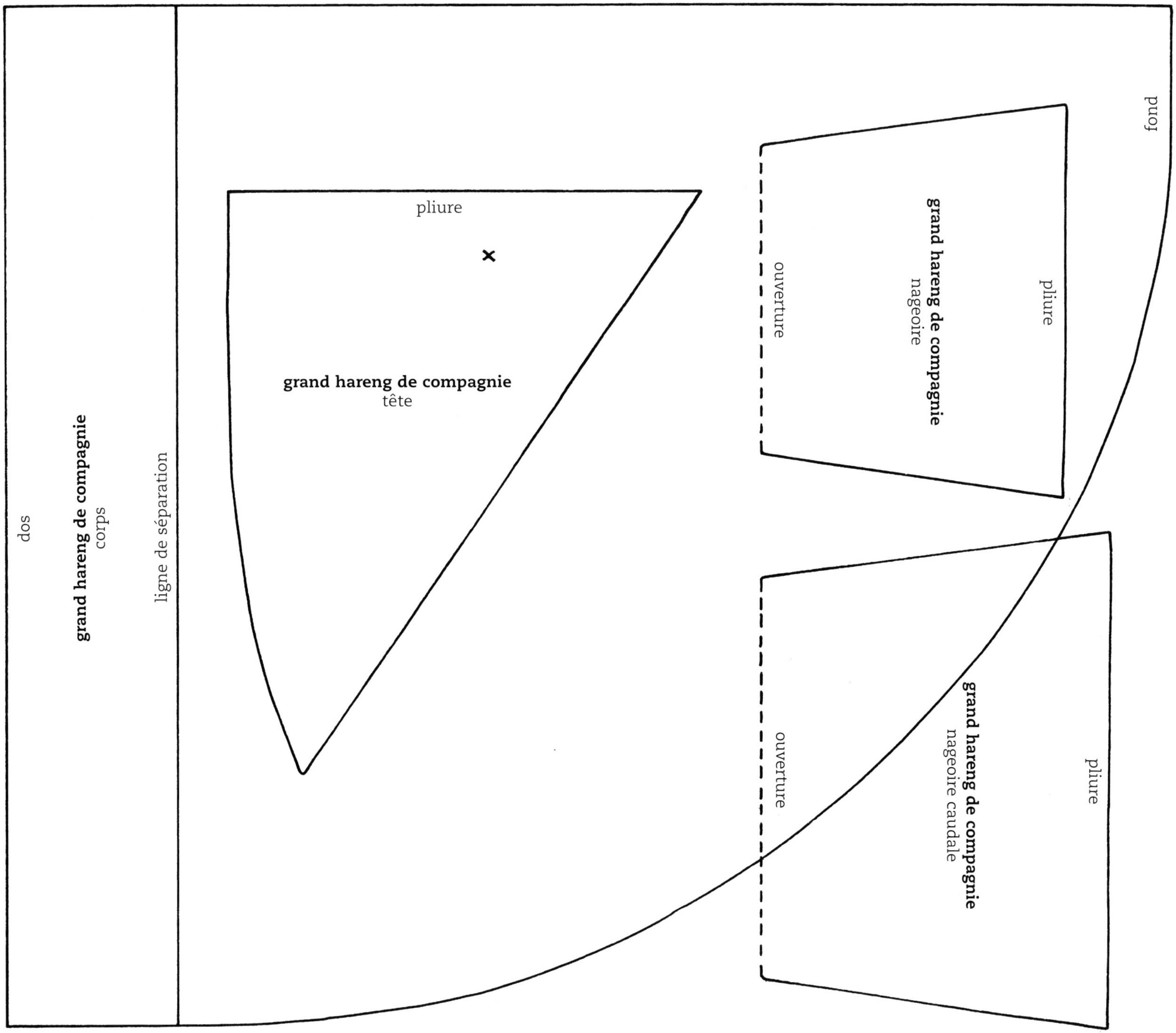
dos
grand hareng de compagnie
corps
ligne de séparation
pliure
grand hareng de compagnie
tête
ouverture
grand hareng de compagnie
nageoire
pliure
fond
ouverture
grand hareng de compagnie
nageoire caudale
pliure

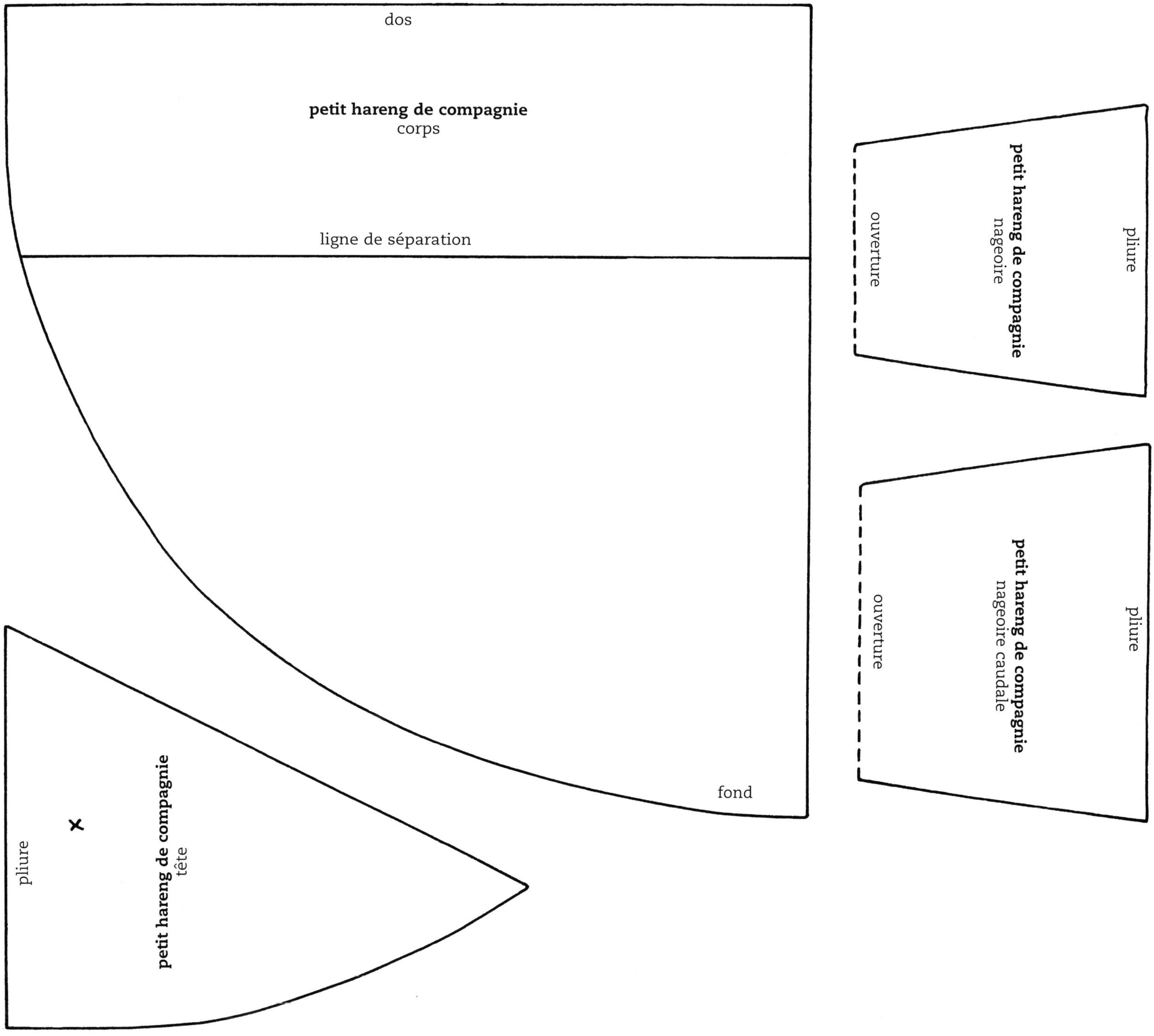
dos
petit hareng de compagnie
corps
ligne de séparation
fond
petit hareng de compagnie
nageoire
ouverture
pliure
petit hareng de compagnie
nageoire caudale
ouverture
pliure
petit hareng de compagnie
tête
pliure
×

Hippopotames

Les hippopotames sont revêtus leurs habits de marin pour embarquer à bord de l'Arche. Ils mesurent 45 cm.

Le patron figure à la page 90.

Fournitures pour un hippopotame
tissu pour le corps, 28 x 90 cm
viseline épaisse, 10 x 12 cm
fibre synthétique
2 boutons pour les bras
2 petites perles pour les yeux (facultatif)

- Reproduisez les pièces du patron à taille réelle, marquez l'ouverture de la patte au niveau du bord supérieur.
- Coupez un morceau de tissu de 10 x 28 cm pour la tête, pliez-le endroit contre endroit puis piquez (ill. 1a).
- Écartez les coutures au fer puis pliez le tissu (ill. 1b). La couture doit être placée à 4,5 cm du bord inférieur.
- Fixez la viseline sur l'envers du tissu.
- Dessinez les contours de la tête, de sorte que les deux points du patron soient placés sur la couture.
- Piquez la tête (ill. 1b).
- Piquez le corps, les deux pattes avant, les deux pattes arrière et les deux oreilles selon la méthode de couture inversée (voir p. 9). Veillez à couper le corps comme indiqué sur l'illustration 2 et voir également le patron.
- Placez les oreilles sur la tête puis piquez-les au point glissé.
- Rembourrez fermement la tête de fibre synthétique, cousez les yeux au point de nœud ou avec de petites perles, puis ajoutez la bouche et les narines au point arrière.
- Rembourrez fermement les pattes avant et arrière jusqu'à la moitié, puis continuez le rembourrage plus souplement.
- Piquez les ouvertures des pattes avant au point glissé.
- En suivant les repères du patron, cousez les orteils des pattes avant et arrière au point arrière.
- Placez les pattes arrière sur la face avant du corps, endroit contre endroit, puis piquez à une largeur de pied machine tout autour du bord inférieur du corps ; la couture forme un repère pour faire le rentré de couture.

1a

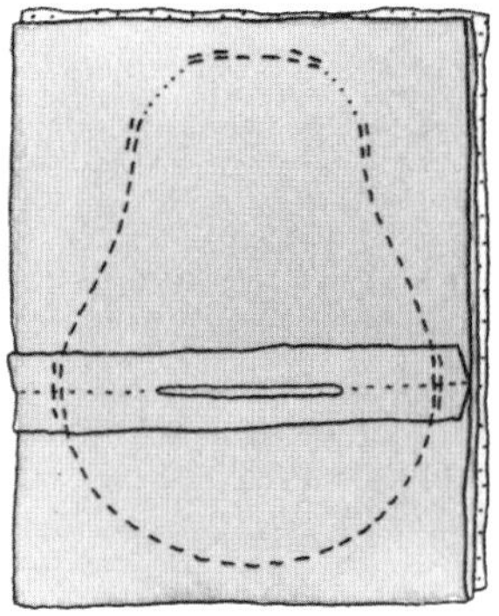

1b

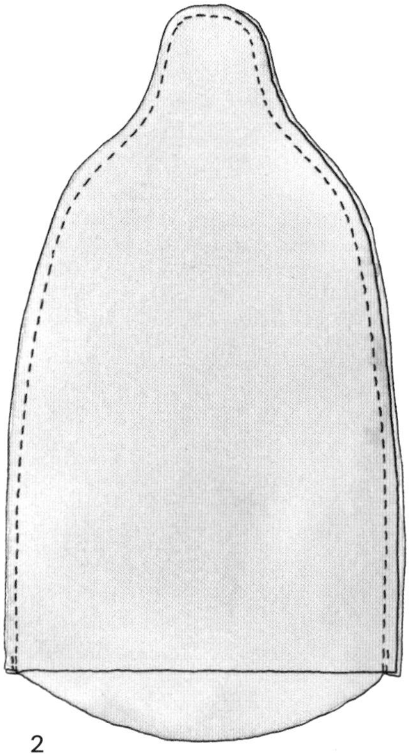

2

- Rembourrez très fermement le corps, faites un rentré de couture sur l'envers puis piquez l'ouverture au point glissé.
- Insérez l'encolure à 1,5 cm dans l'ouverture de la tête puis assemblez les 2 pièces au point glissé (ill. ci-dessous).
- Assemblez les bras au corps avec les boutons, cousez les deux boutons en même temps en piquant l'aiguille dans les deux bras.

Chemise de marin

Le patron figure à la page 91.

Fournitures

tissu, 30 x 35 cm
ruban de satin, 60 cm
3 boutons à pression
3 petits boutons

- Coupez une pièce de la chemise, deux manches et la parmenture de l'encolure (uniquement autour du cercle extérieur), à chaque fois dans la pliure comme indiqué sur le patron.
- Coupez ensuite une bande de 7 x 14 cm.

- Repérez la ligne des épaules et le milieu devant / milieu dos, dans un sens puis dans l'autre (ill. 1).
- Surfilez la parmenture puis placez-la endroit contre endroit sur la pièce de la chemise.
- Piquez au niveau du cercle intérieur de la parmenture, coupez l'ouverture de l'encolure en laissant un surplus de couture de 3 mm, puis faites de petites entailles (ill. ci-dessous).
- Repliez la parmenture sur l'envers puis surpiquez.

1
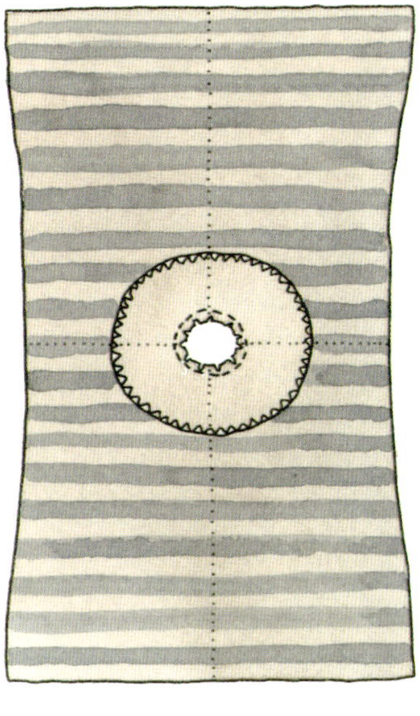

2

- Repassez au fer un ourlet sur l'endroit du bord inférieur de la chemise et sur le bord des manches, pliez à 5 mm, puis à 1 cm.
- Piquez les ourlet en couvrant avec le ruban de satin (ill. 2).
- Marquez le milieu de la bande puis repassez un pli de 1 cm le long de chaque côté.
- Placez la bande endroit contre endroit sur l'envers de la chemise puis piquez à 2 mm du milieu (ill. 3).
- Formez les bandes de boutonnières : coupez la bande en suivant le repère du milieu puis coupez les extrémités de sorte que les surplus de couture situés au niveau de l'encolure et du bord inférieur mesurent 7,5 mm.
- Pliez le bord extérieur des bandes de boutonnière sur l'endroit de sorte que celles-ci ne mesurent plus que 1 cm de largeur chacune.
- Faites un rentré de couture sur l'envers des extrémités puis piquez les bords inférieur et supérieur au point glissé.
- Piquez le bord extérieur de chaque bande de boutonnière à 2 mm (ill. 4).
- Cousez trois boutons à pression à l'intérieur des bandes de boutonnières puis ajoutez trois boutons décoratifs sur le dessus.
- Assemblez les manches endroit contre endroit à la chemise (ill. 5) ; piquez à une largeur de pied machine, puis surfilez les bords ensemble.
- Placez la chemise endroit contre endroit, piquez les côtés et le dessous des manches, faites quelques entailles au niveau des emmanchures puis surfilez les bords ensemble.

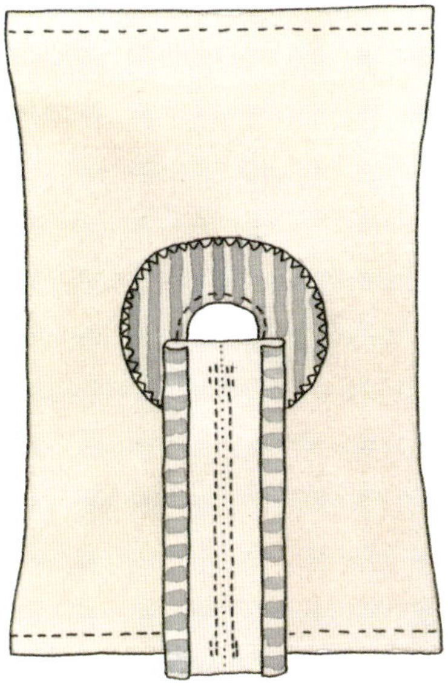

3

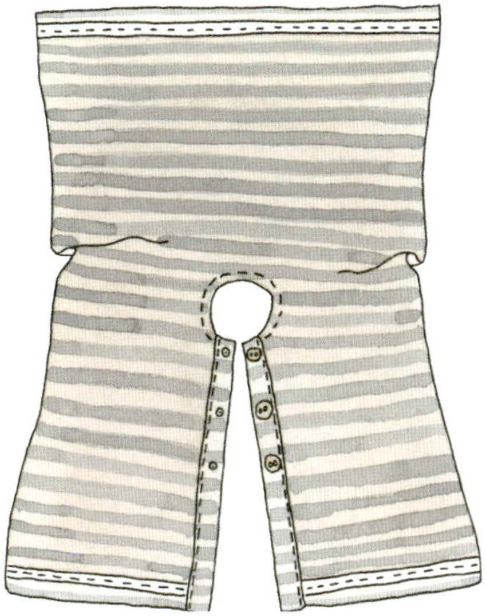

4

5

Pantalon de marin

Le patron figure à la page 91.

Fournitures

tissu, 28 x 40 cm
ruban de satin, 60 cm
élastique, 25 cm

- Coupez deux pièces de pantalon dans la pliure comme indiqué sur le patron.
- Faites un ourlet sur les bords inférieurs, pliez à 1 cm puis à 2 cm, puis piquez.
- Piquez deux bandes de ruban de satin sur les bords inférieurs (ill. 1).
- Placez les deux pièces endroit contre endroit, piquez le milieu devant puis surfilez les surplus de couture ensemble (ill. 1a p. 64).
- Repassez un ourlet au niveau de la ceinture, pliez à 1 cm puis à 2 cm.
- Ouvrez l'ourlet de la ceinture puis piquez le milieu dos comme le milieu devant.
- Repliez puis piquez l'ourlet de la ceinture en laissant une petite ouverture pour glisser l'élastique dans la coulisse.
- Placez l'endroit du milieu devant sur le milieu dos, piquez l'entrejambe puis surfilez les bords ensemble.
- Retournez sur l'endroit puis glissez l'élastique dans la coulisse (ill. 2).

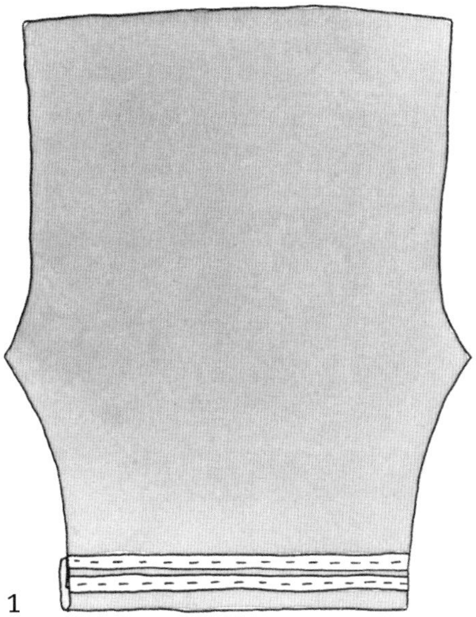

1

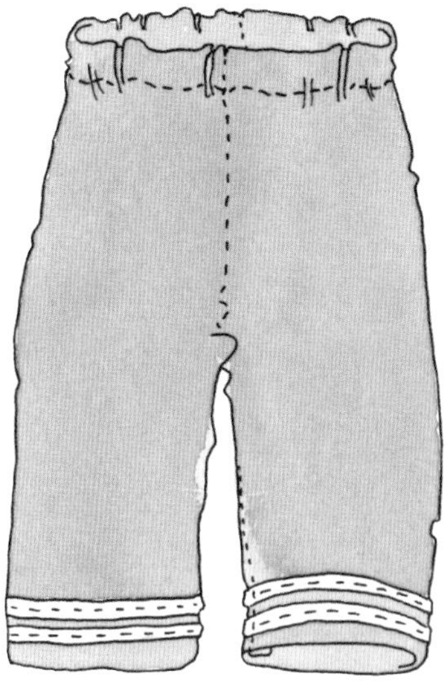

2

Robe style marin

Le patron figure à la page 91.

Fournitures

tissu pour le corsage, 30 x 35 cm
tissu pour la jupe, 22 x 50 cm
petit ruban de satin, 180 cm

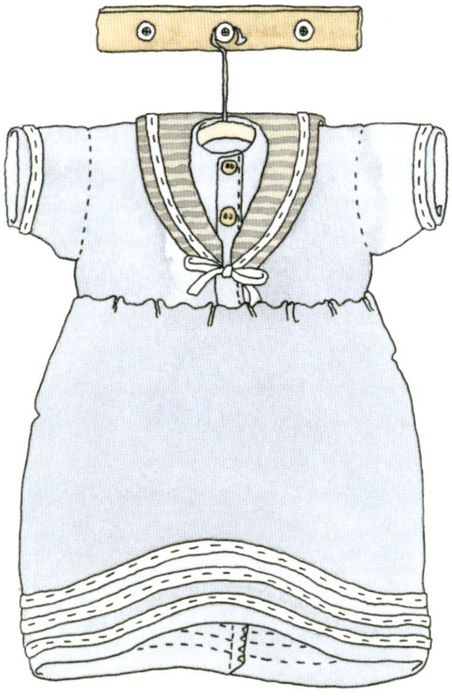

- Piquez le corsage en suivant les instructions de la chemise pages 86 et 87, cependant, la bande de boutonnière doit mesurer 7 x 10,5 cm et le bord inférieur doit être uniquement surfilé.
- Repassez au fer un ourlet sur l'envers d'un des bords les plus longs de la jupe, piquez l'ourlet puis cousez trois bandes de rubans de satin.
- Surfilez l'autre côté long.
- Placez la jupe endroit contre endroit, piquez le milieu dos à une largeur de pied machine puis surfilez les surplus de couture ensemble.
- Passez deux fils de fronces au niveau de la ceinture de la jupe.
- Placez la jupe endroit contre endroit sur le corsage, froncez la ceinture puis répartissez les fronces (ill. 2b p. 64).
- Piquez le corsage et la jupe ensemble à une largeur de pied machine puis ôtez les fils de fronces.

Col marin

Le patron figure à la page 91.

Fournitures

tissu, 10,5 x 29 cm
ruban de satin, 60 cm

- Piquez le col selon la méthode de couture inversée expliquée (voir p. 9).
- Coupez les surplus de couture à 3 mm, élargissez à 5 mm au niveau de l'ouverture.
- Retournez sur l'endroit puis piquez l'ouverture au point glissé.
- Placez le ruban de satin à 4-5 mm du bord du col et en laissant dépasser 12 cm de chaque côté des extrémités.
- Piquez le ruban avec de petits points droits ou arrière, veillez à ce que les points soient invisibles sur la face arrière du col.

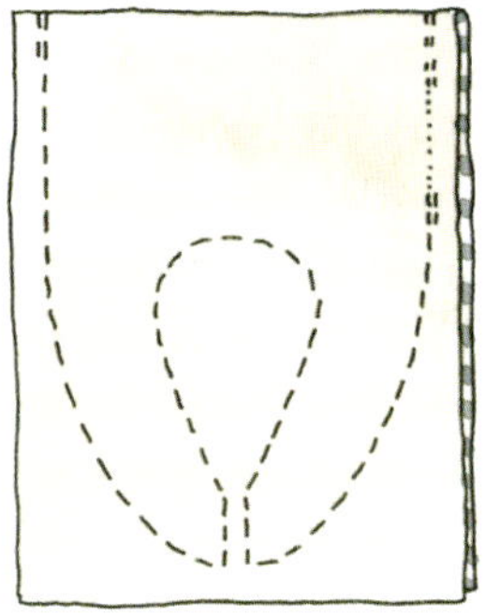

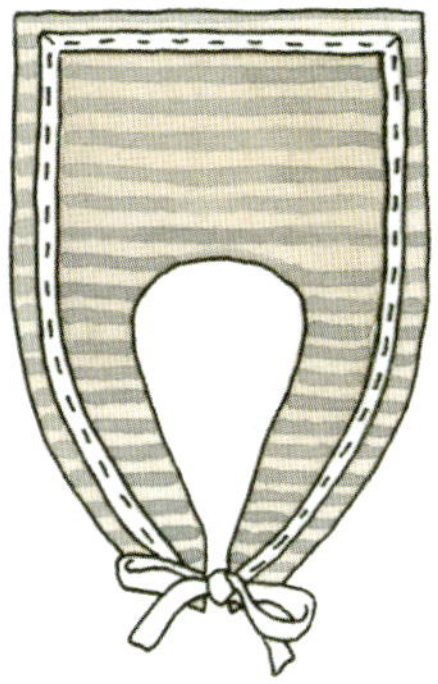

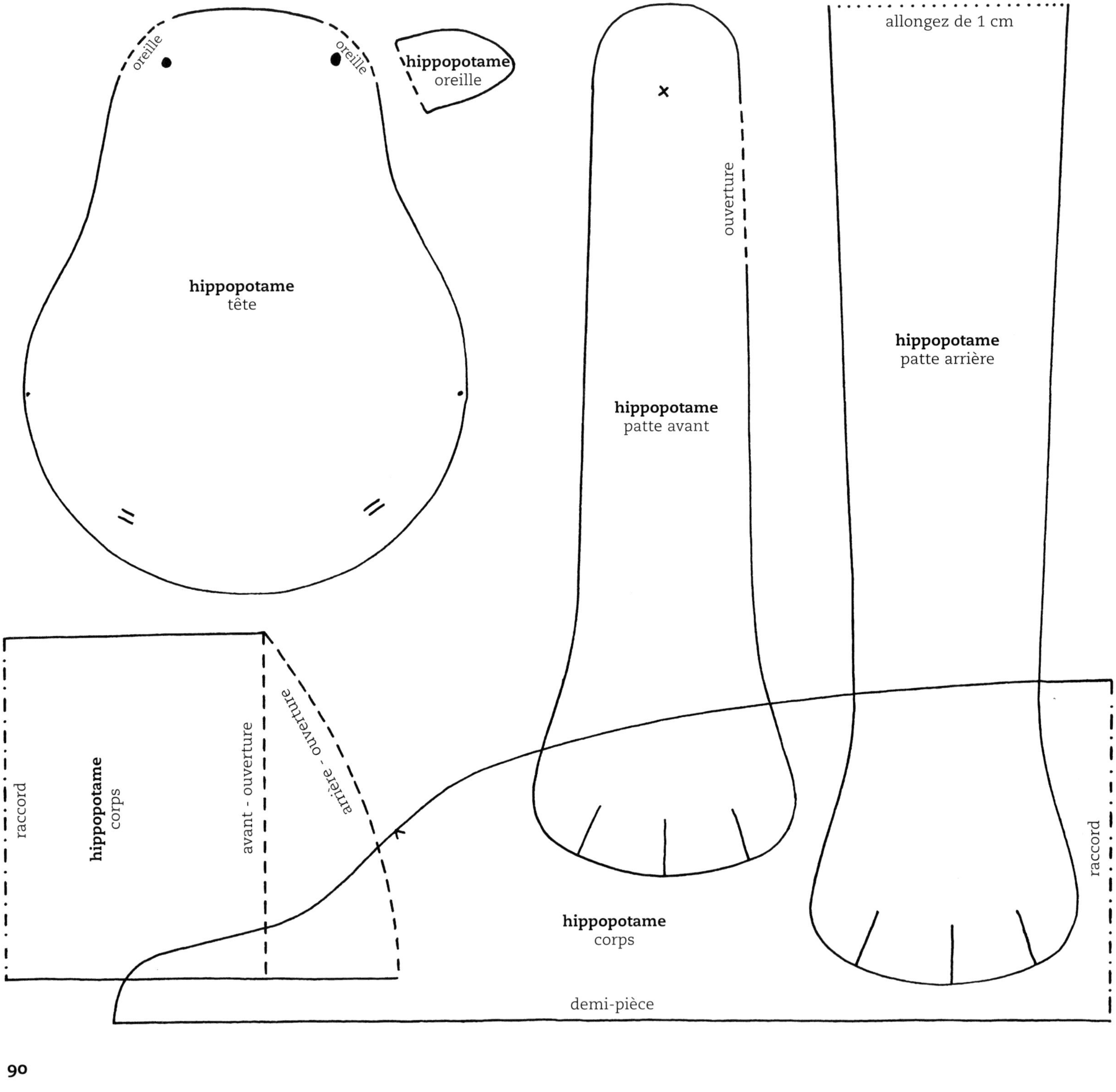
oreille
oreille
hippopotame
oreille
hippopotame
tête
ouverture
hippopotame
patte avant
allongez de 1 cm
hippopotame
patte arrière
raccord
hippopotame
corps
avant - ouverture
arrière - ouverture
hippopotame
corps
raccord
demi-pièce

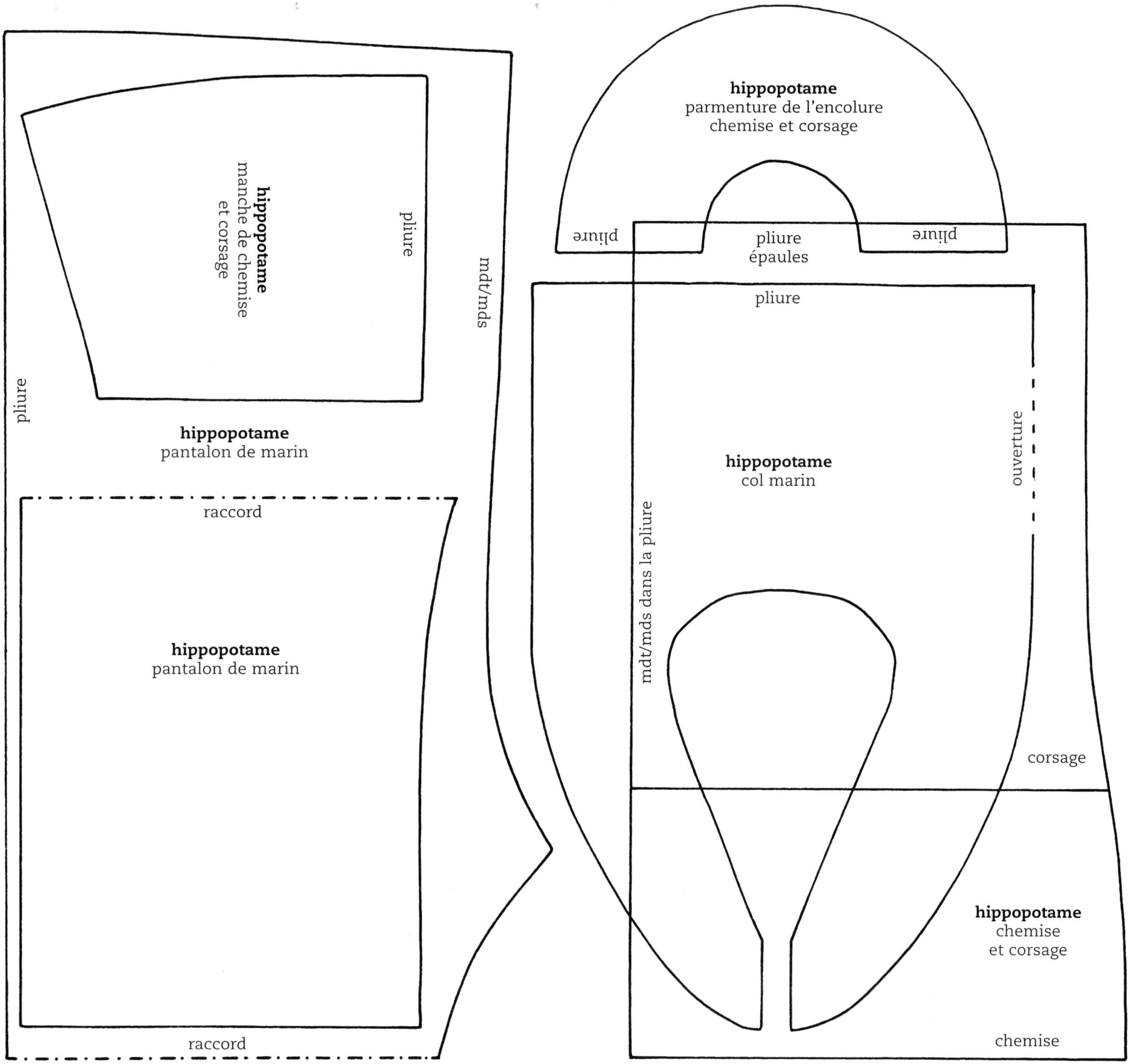
hippopotame
manche de chemise
et corsage
pliure
mdt/mds
pliure
hippopotame
pantalon de marin
raccord
hippopotame
pantalon de marin
raccord
hippopotame
parmenture de l'encolure
chemise et corsage
pliure
pliure
pliure
épaules
pliure
hippopotame
col marin
ouverture
mdt/mds dans la pliure
corsage
hippopotame
chemise
et corsage
chemise

Girafes

Les girafes ont été prévoyantes, elles ont revêtu leurs maillots de bain et ont emporté à bord de l'Arche un ballon et un canard de plage.
Les pattes avant et arrière sont réalisées à partir du même patron ; il suffit d'ajouter 20 cm de tissu entre les lignes de raccord pour fabriquer les pattes arrière, de sorte que celles-ci mesurent 50 cm au total. Les girafes mesurent 87 cm environ.

Le patron figure à la page 97.

Fournitures pour une girafe
tissu pour le corps, 50 x 60 cm
tissu pour les pieds, 6,5 x 38 cm
tissu pour les cornes, 5 x 7 cm
4 boutons pour les pattes
fibre synthétique

- Reproduisez les pièces du patron à taille réelle.
- Coupez un morceau de tissu pour le corps de 50 x 38 cm pour préparer les pattes avant et arrière.
- Piquez ce coupon avec le tissu pour les pieds endroit contre endroit puis surpiquez.
- Pliez le reste du tissu pour le corps et la pièce cousue ci-dessus endroit contre endroit, dessinez les contours du corps, des oreilles, des pattes avant et arrière sur les tissus respectifs, puis piquez selon la méthode de couture inversée (voir p. 9).
- Rembourrez le corps très fermement et piquez l'ouverture au point glissé.
- Rembourrez également les pattes avant et arrière très fermement sur 12 et 21 cm respectivement, puis faites un nœud sur chaque patte.
- Continuez le rembourrage plus souplement au-dessus des nœuds puis piquez l'ouverture de chaque patte au point glissé.
- Piquez les oreilles sur la tête, de sorte qu'elles se placent vers l'arrière (ill. 2b).
- Divisez le tissu pour les cornes en deux morceaux de 5 x 3,5 cm, pliez ces pièces puis piquez-les au point glissé (ill. 1a, 1b et 1c).
- Piquez les cornes au point glissé entre les oreilles (ill. 2 a et 2b).
- Cousez les yeux et les narines au point de nœud, puis la bouche au point arrière.
- Piquez les pattes avant et arrière sur le corps avec des boutons, cousez les boutons deux par deux en piquant l'aiguille d'une patte à l'autre.

1a

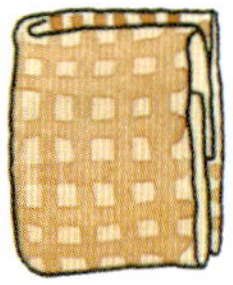
1b

1c

2a

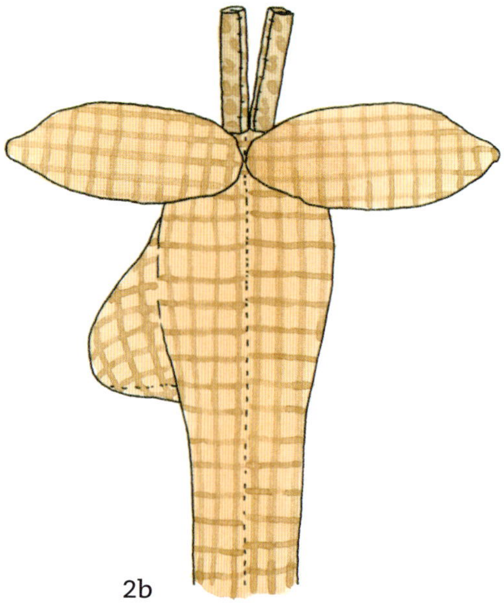
2b

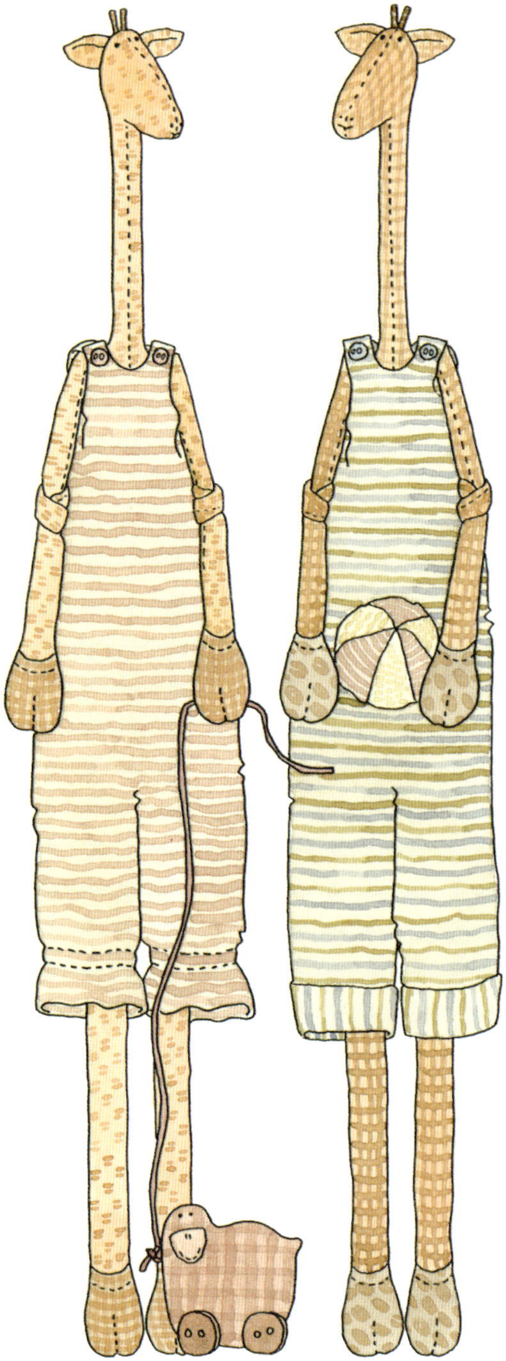

Maillot de bain

Vous pouvez ajouter un rebord au bas du maillot ou fabriquer une coulisse et y glisser un élastique.

Le patron figure à la page 98.

Fournitures

tissu pour un maillot, 50 x 60 cm
tissu pour les rebords, 7,5 x 24 cm
2 boutons pour les bretelles
élastique, 12 cm

- Reproduisez les pièces du patron à taille réelle.
- Coupez une pièce dos et une pièce devant dans la pliure ainsi que deux parmentures également dans la pliure.
- Surfilez le bord rectiligne de chaque parmenture puis placez les parmentures endroit contre endroit sur la pièce dos et sur la pièce devant du maillot, piquez enfin à une largeur de pied machine (ill. 1).
- Coupez les surplus de couture à 3 mm puis faites de petites entailles au niveau des arrondis.

1

- Repliez la parmenture (ill. 2), placez la pièce devant et la pièce dos endroit contre endroit, piquez les côtés puis surfilez les bords ensemble.
- Retournez sur l'endroit par le bas du maillot puis surpiquez l'encolure et les emmanchures (ill. 3).
- Rebords : Divisez le tissu pour les rebords en deux morceaux de 7,5 x 12 cm chacun, pliez les pièces envers contre envers puis placez-les endroit contre endroit sur le bas de chaque jambe du maillot (ill. 3).
- Piquez à une largeur de pied machine puis surfilez les bords ensemble.
- Bas resserrés : surfilez les bas de jambe, faites un rentré de couture de 3 cm sur l'envers puis piquez deux fois pour former une coulisse (ill. 4).
- Coupez l'élastique en deux parties égales, puis glissez un morceau dans chaque coulisse.
- Placez le milieu devant sur le milieu dos, piquez l'entrejambe puis surfilez les bords ensemble.
- Enfilez le maillot à la girafe puis piquez les bretelles en cousant un bouton sur chacune.

2

3

4

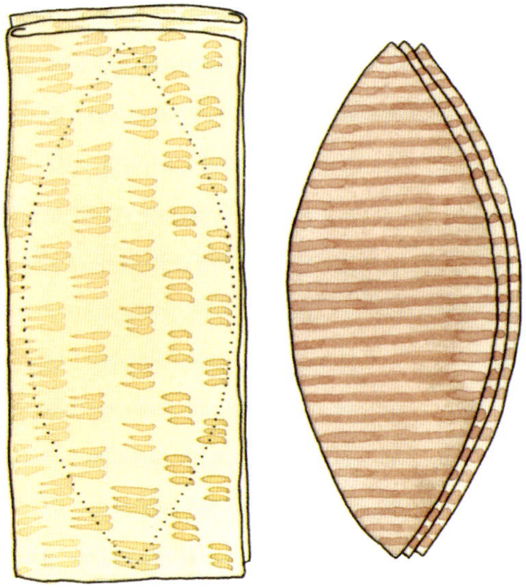

1

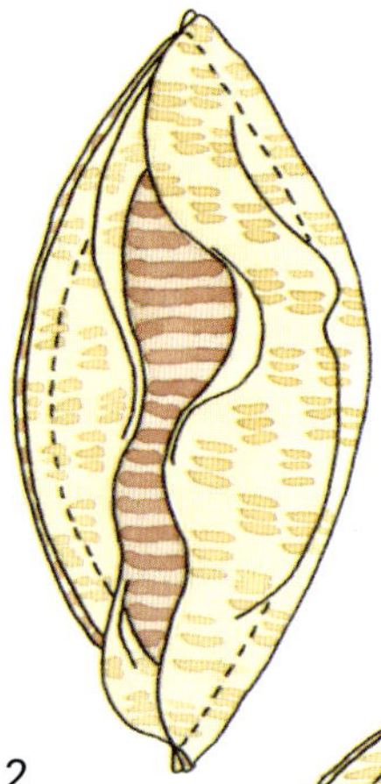

2

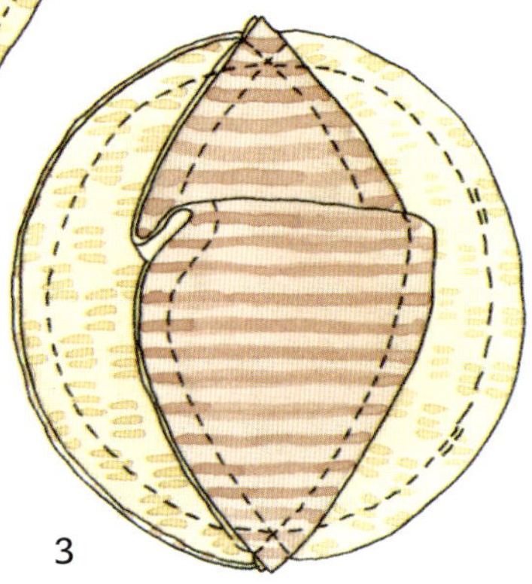

3

Ballon de plage

Choisissez deux tissus différents ou plus pour confectionner ce ballon.
Le patron figure à la page 98.

Fournitures

2 tissus différents de 14 x 20 cm (ou plus de tissus de moindres dimensions)
fibre synthétique

- Pliez les coupons de tissu (ill. 1) puis coupez la pièce à travers toutes les épaisseurs.
- Piquez deux demi-ballons composés de 3 pièces chacun (ill. 2).
- Bâtissez l'ouverture.
- Piquez les deux moitiés endroit contre endroit (ill. 3), retournez sur l'endroit puis rembourrez fermement le ballon de fibre synthétique. Piquez l'ouverture au point glissé.

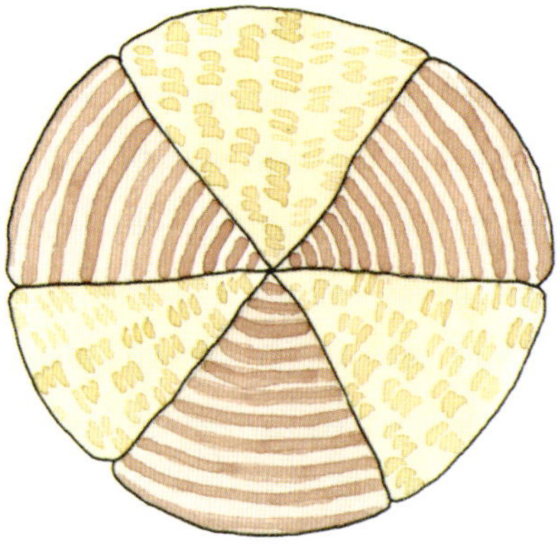

Canard de plage

Le patron figure à la page 98.

Fournitures

tissu pour le canard, 10 x 20 cm
tissu pour le bec, 4 x 7 cm
boutons pour les roues

- Piquez le corps et le bec selon la méthode de couture inversée (voir p. 9). Faites une petite entaille sur le dessous du bec pour retourner pièce et la rembourrer.
- Rembourrez fermement les pièces de fibre synthétique puis piquez les ouvertures respectives au point glissé.
- Cousez les yeux au point de nœud puis ajoutez un sourire sur le bec au point arrière.
- Appliquez le bec au corps.
- Cousez les boutons que chaque côté du corps pour figurer les roues (ill. ci-dessous).

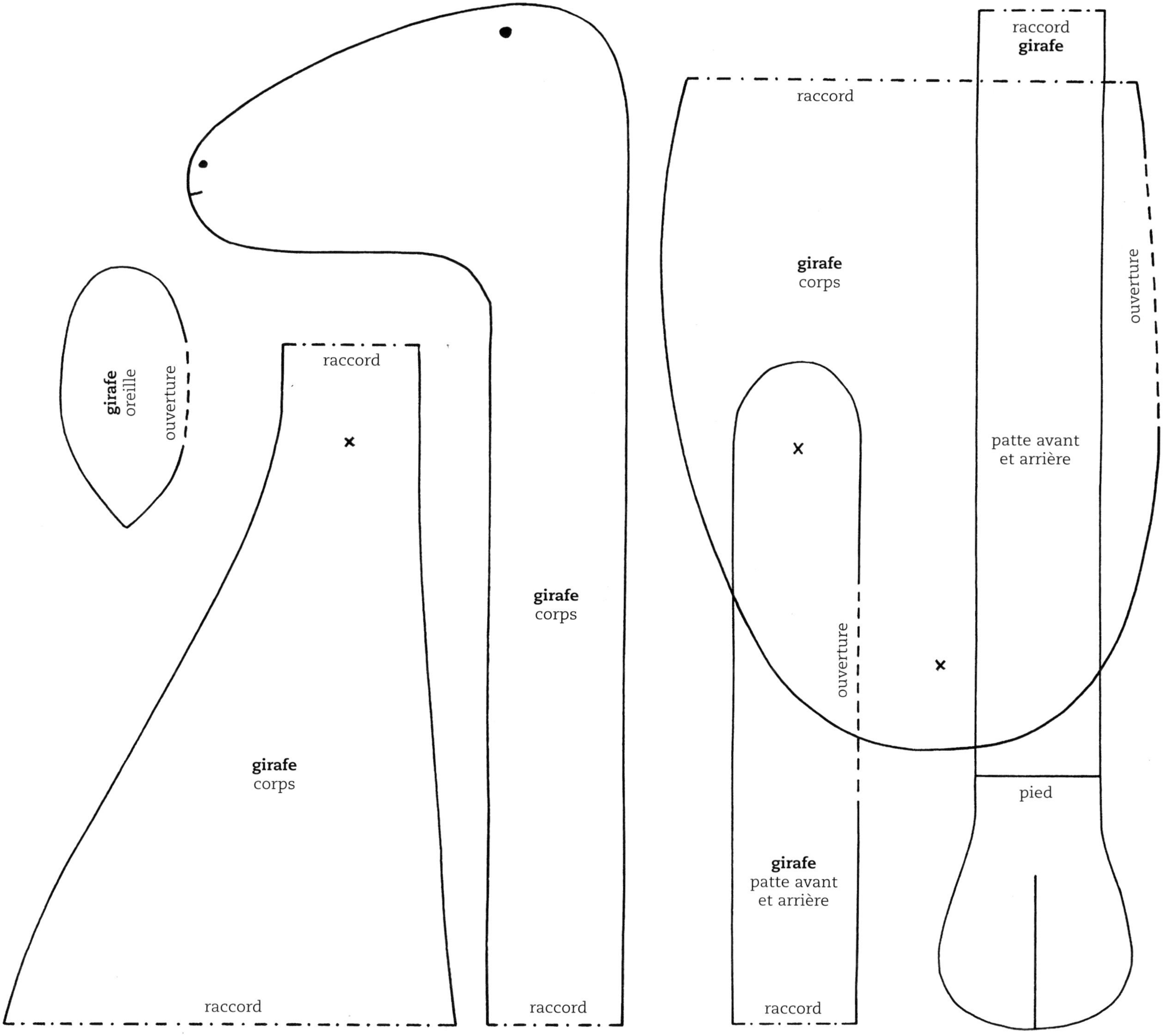
girafe
oreille
ouverture
raccord
girafe
corps
girafe
corps
raccord
raccord
raccord
girafe
raccord
girafe
corps
ouverture
ouverture
girafe
patte avant
et arrière
raccord
patte avant
et arrière
pied

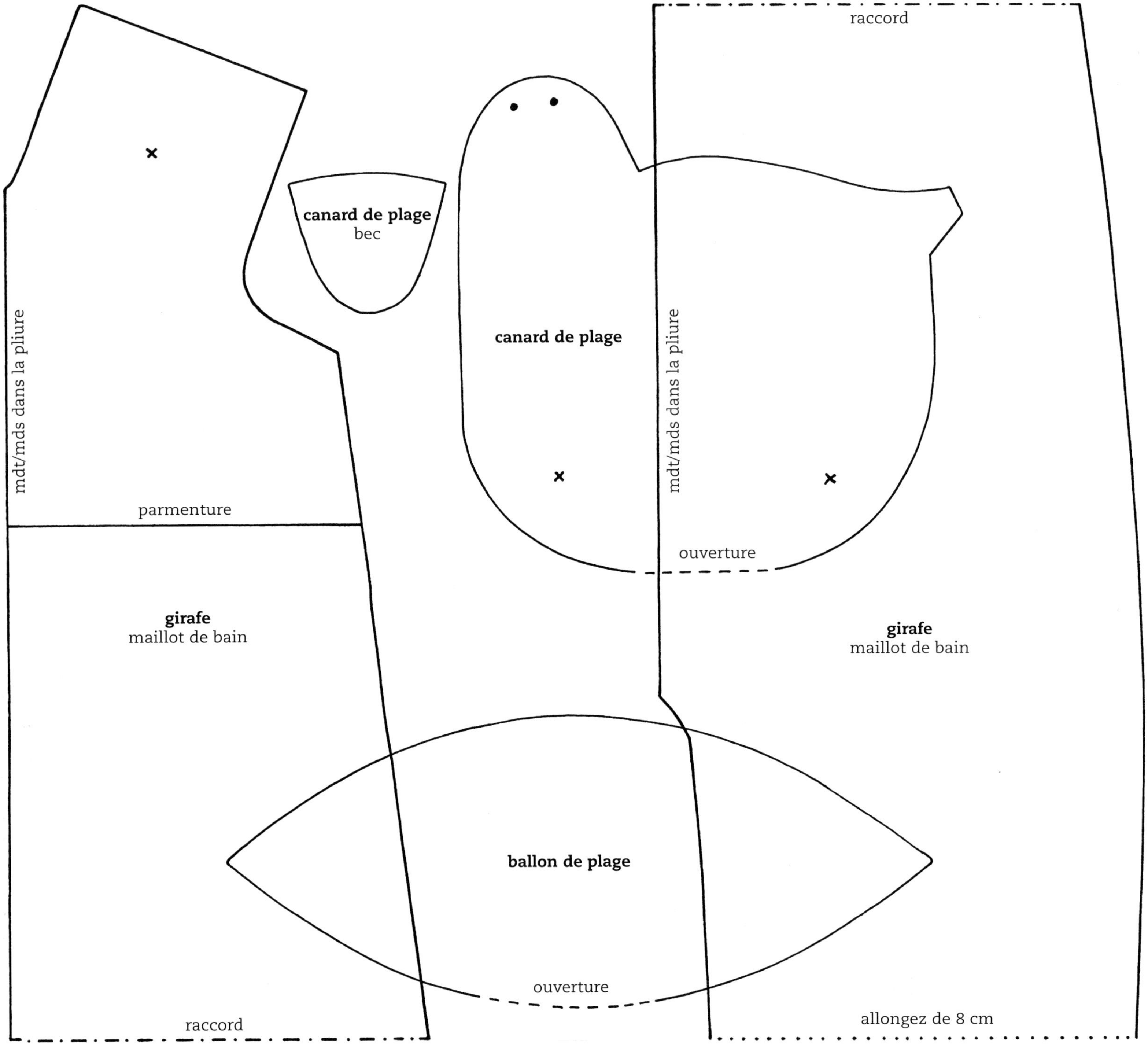
raccord
canard de plage
bec
canard de plage
mdt/mds dans la pliure
parmenture
mdt/mds dans la pliure
ouverture
girafe
maillot de bain
girafe
maillot de bain
ballon de plage
ouverture
raccord
allongez de 8 cm

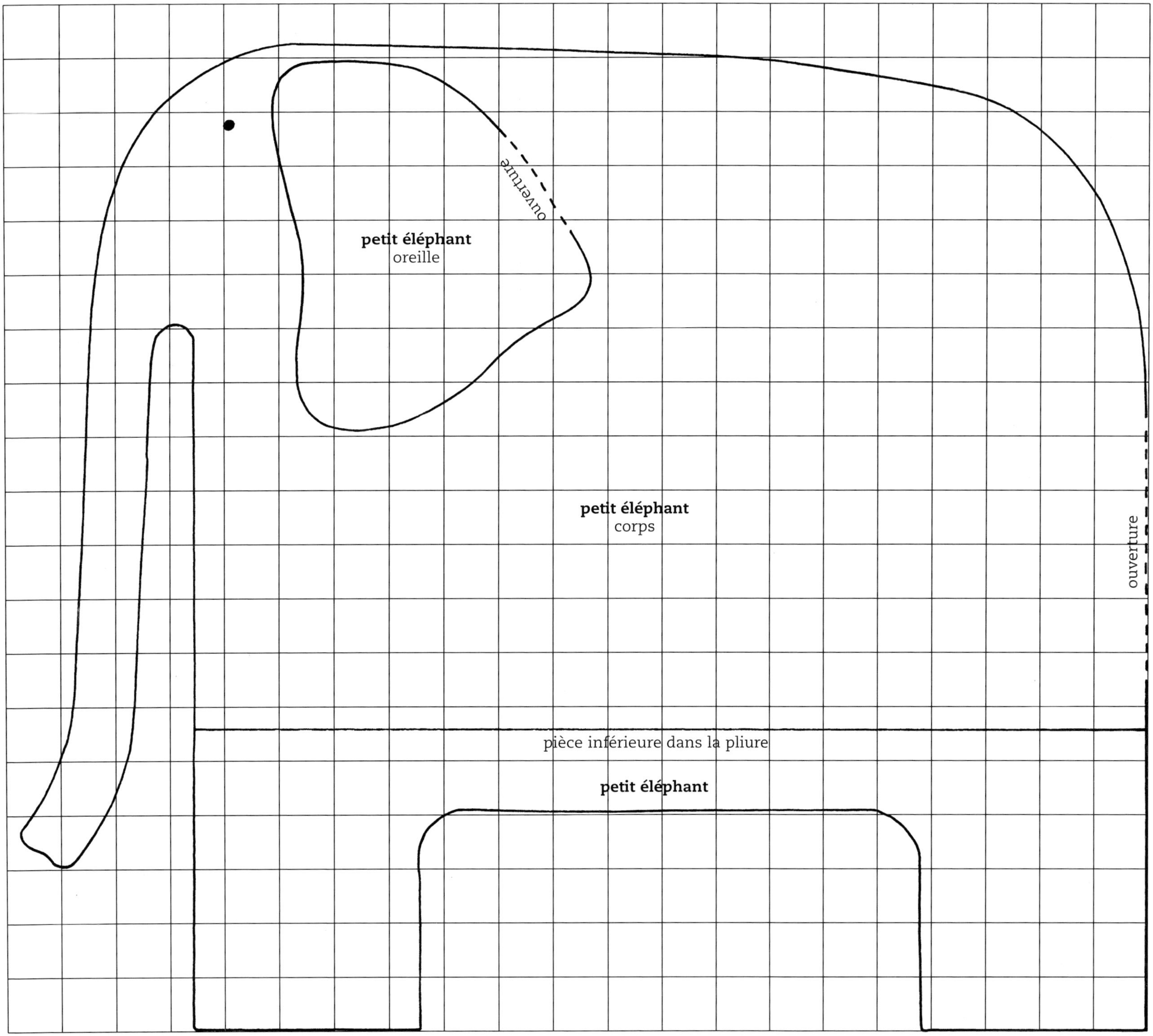

pour confectionner un grand éléphant, chaque carreau équivaut à 2,5 cm

Éléphants

Le modèle est proposé en deux tailles, le plus petit éléphant mesure 18 cm de hauteur et le plus grand 45 cm.

Le patron figure à la page 99.

Petit éléphant

Fournitures pour un petit éléphant
Tissu pour le corps, 35 x 60 cm
Fibre synthétique
Boutons pour les yeux

- Coupez un morceau de tissu de 23 x 40 cm pour le corps, un morceau de 14 x 23 cm pour la pièce inférieure et un morceau de 3,5 x 12 cm pour la queue. Pliez le reste du tissu endroit contre endroit pour confectionner les oreilles.
- Pliez la pièce du corps et la pièce inférieure endroit contre endroit (ill. 1).
- Reproduisez les pièces du patron sur les tissus en ajoutant un surplus de couture autour des pattes (ill.1).
- Piquez le corps entre les repères de la pièce inférieur (ill. 1).
- Coupez le corps en laissant un surplus de couture de 3 à 4 mm, élargissez à 1 cm au niveau de l'ouverture.
- Coupez les pattes et la pièce inférieure avec le surplus de couture.
- Repliez les pattes du corps puis placez la pièce inférieure endroit contre endroit (ill. 2).
- Piquez entre les repères du pli.
- Retournez l'éléphant puis piquez les deux autres pattes (ill. 3).
- Coupez le surplus de couture des pattes à 3-4 mm puis surfilez les bords ensemble.
- Retournez sur l'endroit puis rembourrez de fibre synthétique.
- Piquez l'ouverture au point glissé.
- Piquez deux oreilles selon la méthode de couture inversée (voir p. 9).
- Appliquez les oreilles à l'éléphant puis cousez les boutons pour figurer les yeux.
- Effilochez 1,5 cm environ de tissu à l'extrémité de la queue, pliez la queue puis piquez (ill. 4). Coupez le surplus de couture à 3-4 mm pour retourner plus aisément la pièce.
- Retournez la queue sur l'endroit puis piquez-la à l'éléphant.

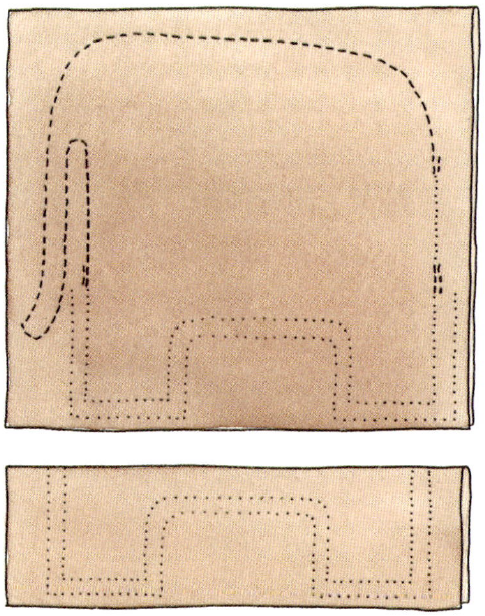
1

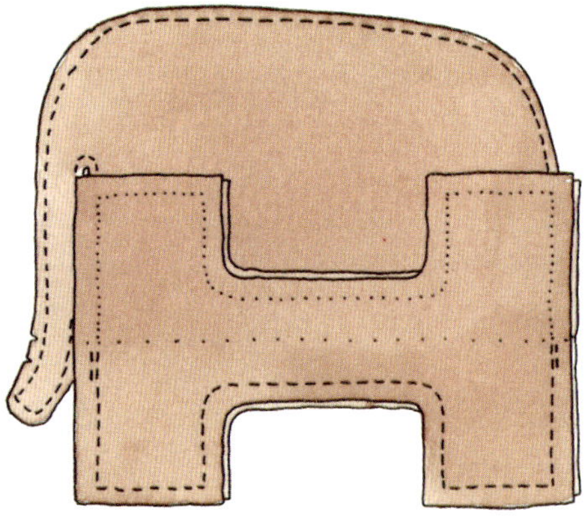
2

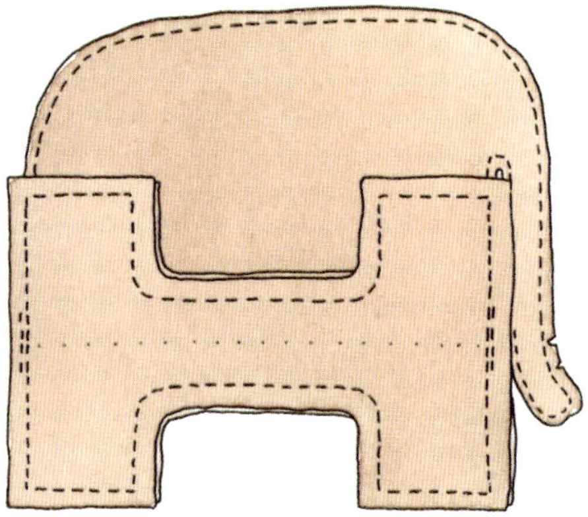
3

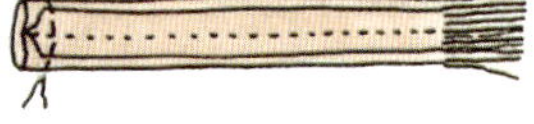
4

Grand éléphant

Le grand éléphant est réalisé selon la même méthode que le petit ; il suffit d'agrandir le patron de la page 99 à 250 %, c'est-à-dire qu'un carreau équivaut à 2,5 cm.

Une fermeture à glissière est piquée au niveau du fond, et le corps est rembourré avec un coussin de garnissage. Afin que l'éléphant tienne debout, insérez de petites poches remplies de billes de plastique au fond des pattes.

Fournitures pour un grand éléphant

tissu, 75 x 130 cm
fermeture à glissière, 50 cm
boutons pour les yeux
tissu pour le coussin de garnissage, 38 x 95 cm
fibre synthétique
tissu pour les poches de billes, 24 x 62 cm
billes de plastique

- Coupez un morceau de tissu de 55 x 97 cm pour le corps, 1 de 33 x 55 cm pour la pièce inférieure et 1 de 7 x 30 cm pour la queue. Pliez le reste de tissu endroit contre endroit pour confectionner les oreilles.
- Pliez le tissu (ill. 1 p. 100).
- Séparez la pièce inférieure en deux au niveau de la pliure et ajoutez un surplus de couture de 1 cm le long des côtés des pattes et de l'arrondi.
- Surfilez la ligne de séparation de chaque pièce inférieure.
- Piquez les pièces inférieures en intercalant la fermeture éclair (p. 10).
- Piquez l'éléphant comme expliqué p. 100, ne fermez pas l'ouverture. Coupez tous les surplus de couture à 1 cm, réduisez légèrement au niveau de la trompe.
- Rembourrez la trompe de fibre synthétique.
- Pliez le tissu du coussin de garnissage en deux de sorte qu'il mesure 38 x 47 cm puis piquez le coussin (p. 10.)
- Insérez le coussin dans le corps.
- Divisez le tissu pour les poches de billes en 2 morceaux de 12 x 62 cm, pliez endroit contre endroit et piquez (ill. 1a et 1b) ; l'ouverture doit mesurer 5 cm environ de largeur.
- Retournez sur l'endroit, remplissez les extrémités de chaque poche de billes et piquez les ouvertures au point glissé.
- Faites deux couture à 2 cm du milieu de chaque poche (ill. 2).
- Insérez les poches dans les pattes avant et arrière de l'éléphant.

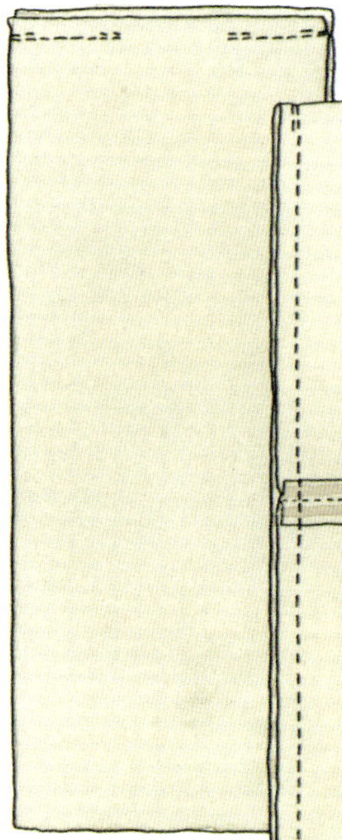

1a

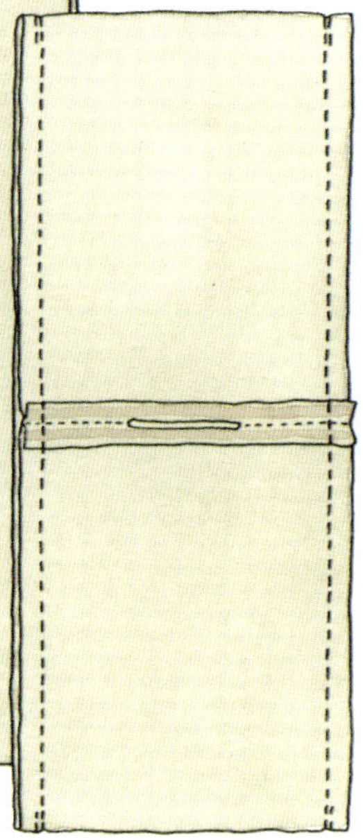

1b

2

Tapis de pique-nique

Le tapis mesure 135 x 135 cm environ, mais vous pouvez facilement l'agrandir en augmentant le nombre de carrés ou en coupant des carrés plus grands. La face arrière est confectionnée avec du tissu polaire.

La composition de ce tapis permet également de l'utiliser comme couverture de détente, idéale pour faire la sieste ou regarder un film.

Fournitures

tissu pour 16 carrés de 35 x 35 cm chacun
tissu polaire, 150 x 150 cm
tissu pour la bordure, 7,5 x 550 cm

- Coupez 16 carrés de 35 x 35 cm chacun dans des tissus aux couleurs et motifs variés.
- Disposez les carrés comme il vous plaît, afin d'obtenir quatre colonnes de quatre carrés chacune.
- Repassez au fer les rentrés de couture ensemble, en alternant le sens du pli d'une colonne à l'autre, ainsi, les carrés se placeront facilement au moment de l'assemblage (ill. 1).
- Piquez les carrés endroit contre endroit par colonne.
- Placez la face avant contre la face arrière en tissu polaire, envers contre envers, puis faufilez les deux épaisseurs ensemble.
- Ajustez les bords puis quiltez si vous le souhaitez (ill. 2).
- Piquez la bordure sur l'endroit du tapis comme expliqué à la page 30. Augmentez la longueur de la bordure si le tapis est plus grand.
- Ôtez les faufils, le tapis est prêt à l'emploi.

1

2

Coussin d'assise

Le coussin mesure 40 x 40 cm. Si vous y ajoutez une poignée, vous pourrez aisément l'emporter lors de vos excursions à la plage ou en forêt. Enfin, vous pouvez également y coudre une ou deux poches afin de pouvoir y glisser quelques petits objets.

Pour le remplissage, vous pouvez utiliser un morceau de surmatelas (plié de façon à épouser les dimensions de la housse), un coussin en mousse ou bien vous pouvez fabriquer un coussin de garnissage aux dimensions de la housse.

Quiltez à travers les quatre épaisseurs pour les maintenir ensemble, puis confectionnez des boutons en tissu pour décorer le coussin.

Fournitures pour un coussin
tissu pour la housse, 45,5 x 89,5 cm
tissu pour la poignée, 12 x 23 cm
tissu pour la grande poche, 27 x 32 cm
tissu pour la petite poche, 20 x 25 cm
surmatelas, 84 x 84 cm (ou un coussin en mousse ou un coussin de garnissage, voir ci-dessus)
tissu pour les boutons, 10 x 25 cm

- Confectionnez la poignée (ill. 1a et 1b).
- Placez la poignée au milieu du tissu de la housse puis piquez-la (ill. 2).
- Faites un ourlet de 3 cm le long du bord supérieur de la poche, piquez l'ourlet et faites une surpiqûre (ill. 3).
- Surfilez les trois autres côtés de la poche puis repassez un rentré de couture sur l'envers le long de ces côtés.
- Piquez une petite poche en suivant la même méthode, puis piquez-la sur la plus grande poche, avant de piquer le tout sur le tissu de la housse (ill. 3).
- Placez la poche sur le tissu de la housse, à 6,5 cm de la poignée.
- Pliez le tissu de la housse endroit contre endroit puis piquez les 3 côtés en laissant une ouverture de 20 cm environ (ill. 4).

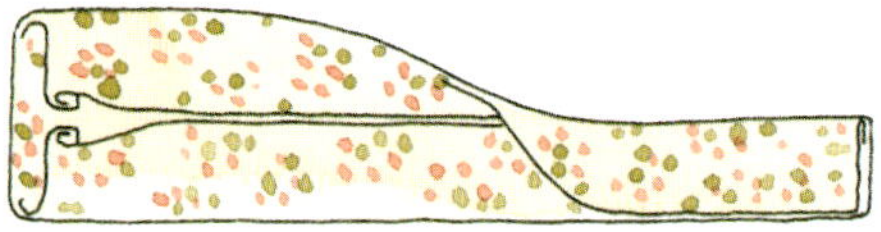
1a

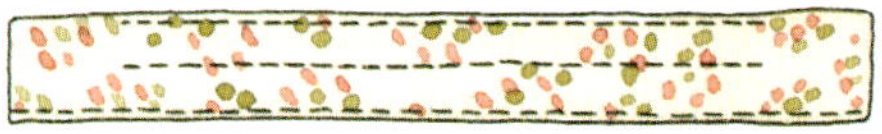
1b

3

2

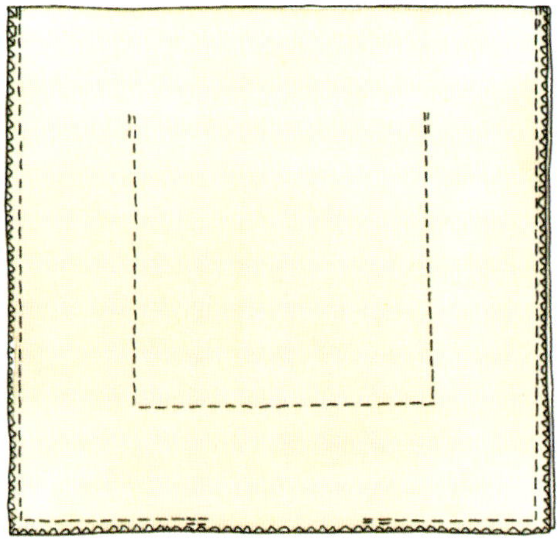
4

- Écartez avec soin les coutures au fer puis piquez les coins (ill. 5). Selon l'épaisseur du rembourrage, les coutures doivent mesurer 3 à 4 cm de longueur.
- Coupez les coins puis surfilez les bords.
- Retournez la housse sur l'endroit.
- Pliez le surmatelas (ill. 6) puis piquez au point de surjet au niveau des plis. Vous pouvez également utiliser un coussin en mousse de 40 x 40 cm ou confectionner un coussin de garnissage (voir p. 10)

- Remplissez la housse puis piquez l'ouverture au point glissé.
- Pliez le tissu pour confectionner les boutons (ill. 7a) puis dessinez 4 à 5 boutons en vous aidant d'un gabarit.
- Piquez en suivant les traits, coupez en laissant un surplus de couture de 3 mm (ill. 7b), puis retournez sur l'endroit.

- Rembourrez les boutons de fibre synthétique puis piquez les ouvertures respectives au point glissé (ill. 7c).
- Piquez chaque bouton du centre vers l'extérieur 6 fois, tirez à chaque point sur le fil pour resserrer le tissu, le bouton se transforme en fleur (ill. 7d et 7e).
- Placez les boutons puis cousez-les en piquant à travers toutes les épaisseurs, excepté celle des poches.

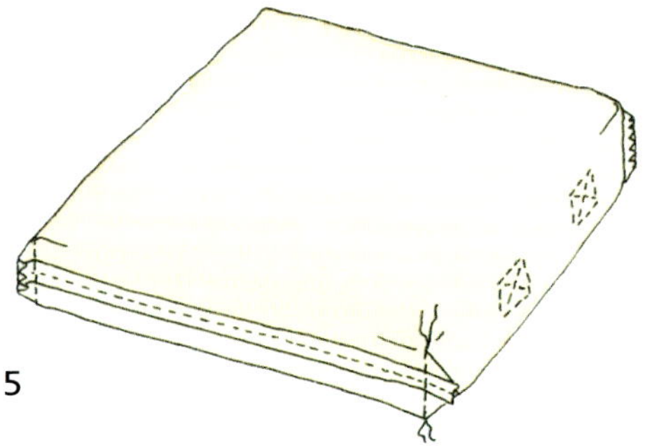

5

6

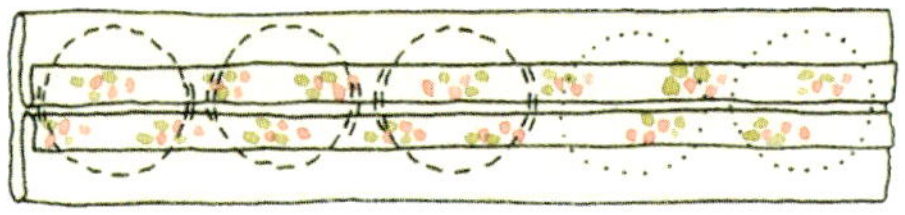

7a

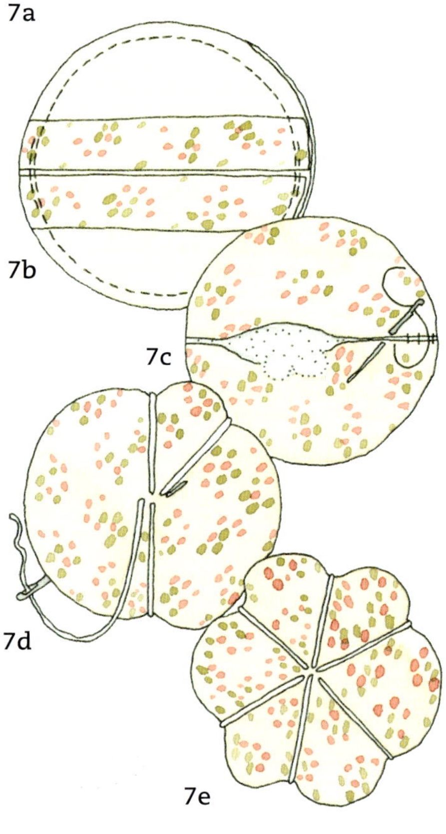

7b

7c

7d

7e

Chapeau de soleil

Le chapeau est l'accessoire indispensable de la saison estivale, le bord peut être large ou étroit. Le chapeau mesure 59 cm de circonférence ; pour agrandir ou rétrécir la taille, divisez en deux la pièce de la calotte et la pièce du bord, puis écartez ou resserrer les deux morceaux le long de la ligne de coupe (ill. 1a et 1b).

Le patron figure à la page suivante.

Fournitures
tissu, 60x 80 cm

- Reproduisez les pièces du patron à taille réelle.
- Pliez le tissu endroit contre endroit, dans le sens de la longueur.
- Coupez 2 pièces du bord dans la pliure comme indiqué sur le patron puis coupez 5 pièces de la calotte dans le tissu restant.
- Piquez chaque pièce du bord au milieu dos puis écartez les coutures au fer (ill. 2).
- Placez les pièces du bord endroit contre endroit puis piquez le bord extérieur (ill. 3).
- Coupez le surplus de couture à 3 mm puis retournez sur l'endroit.
- Faites des surpiqûres espacées de 1 cm (ill. 4).
- Surfilez les bords arrondis des pièces de la calotte.
- Assemblez 4 pièces de la calotte 2 par 2 endroit contre endroit (ill. 5).
- Écartez les coutures au fer à repasser puis surpiquez. Vous pouvez également surfiler les bords ensemble, rabattre les surplus de couture d'un côté puis surpiquer.
- Piquez la dernière pièce de la calotte endroit contre endroit à une paire déjà assemblée puis surpiquez comme expliqué précédemment (ill. 6).
- Piquez les deux pièces de la calotte ensemble, surfilez puis surpiquez les coutures comme expliqué précédemment.

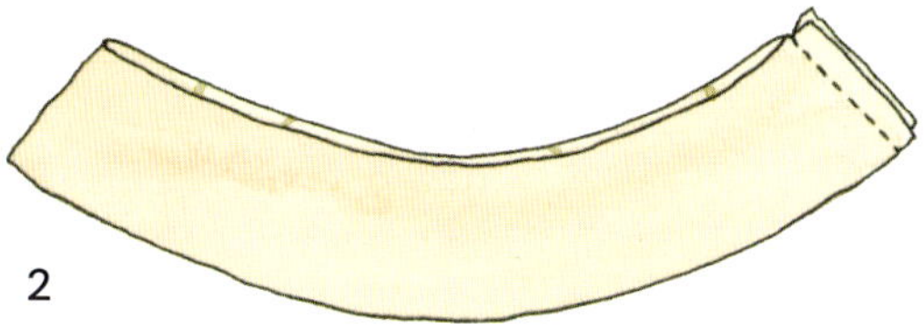

2

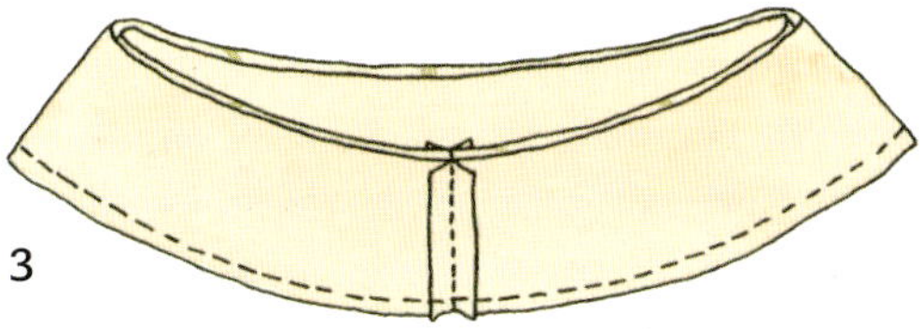

3

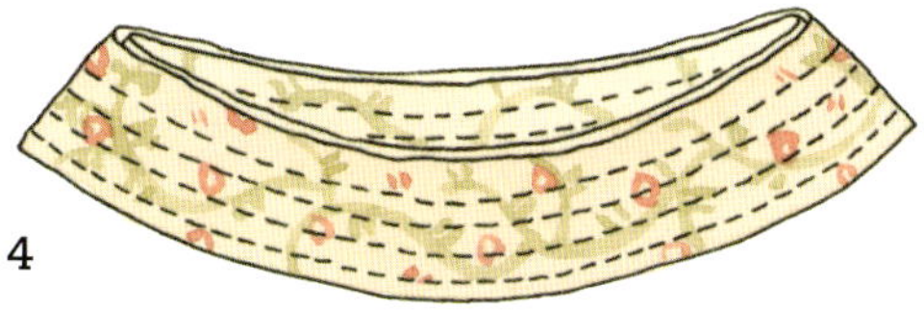

4

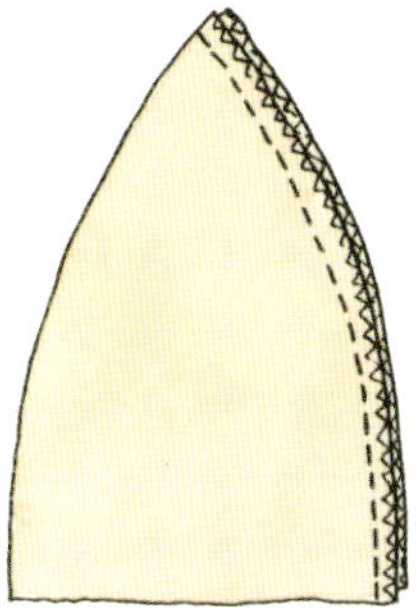

5

6

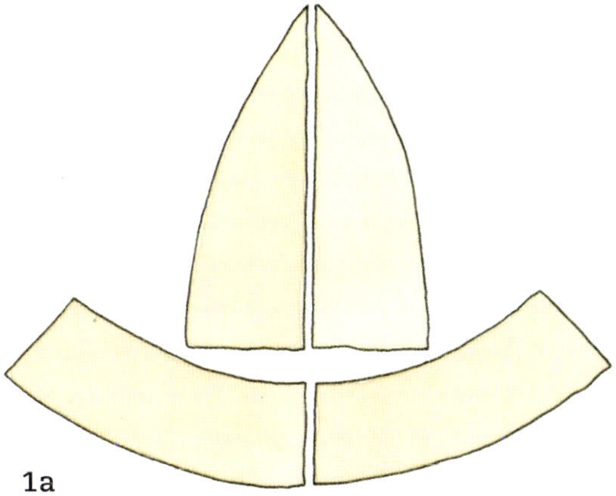

1a

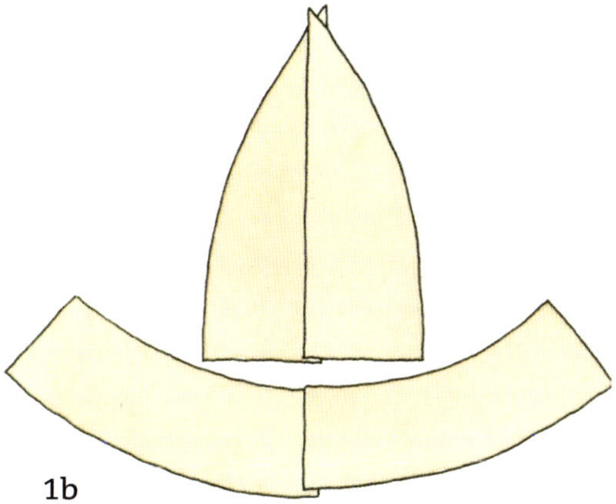

1b

- Répartissez quatre repères à égale distance les uns des autres sur le bord et sur la calotte du chapeau.
- Assemblez les deux pièces du chapeau endroit contre endroit en faisant coïncider les repères puis piquez (ill. 7).
- Surfilez les bords ensemble, aplatissez la couture au fer à repasser du côté de la calotte, puis surpiquez sur l'endroit.

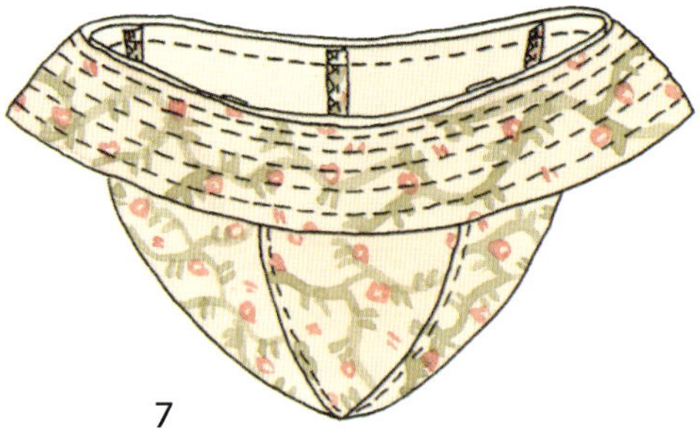

7

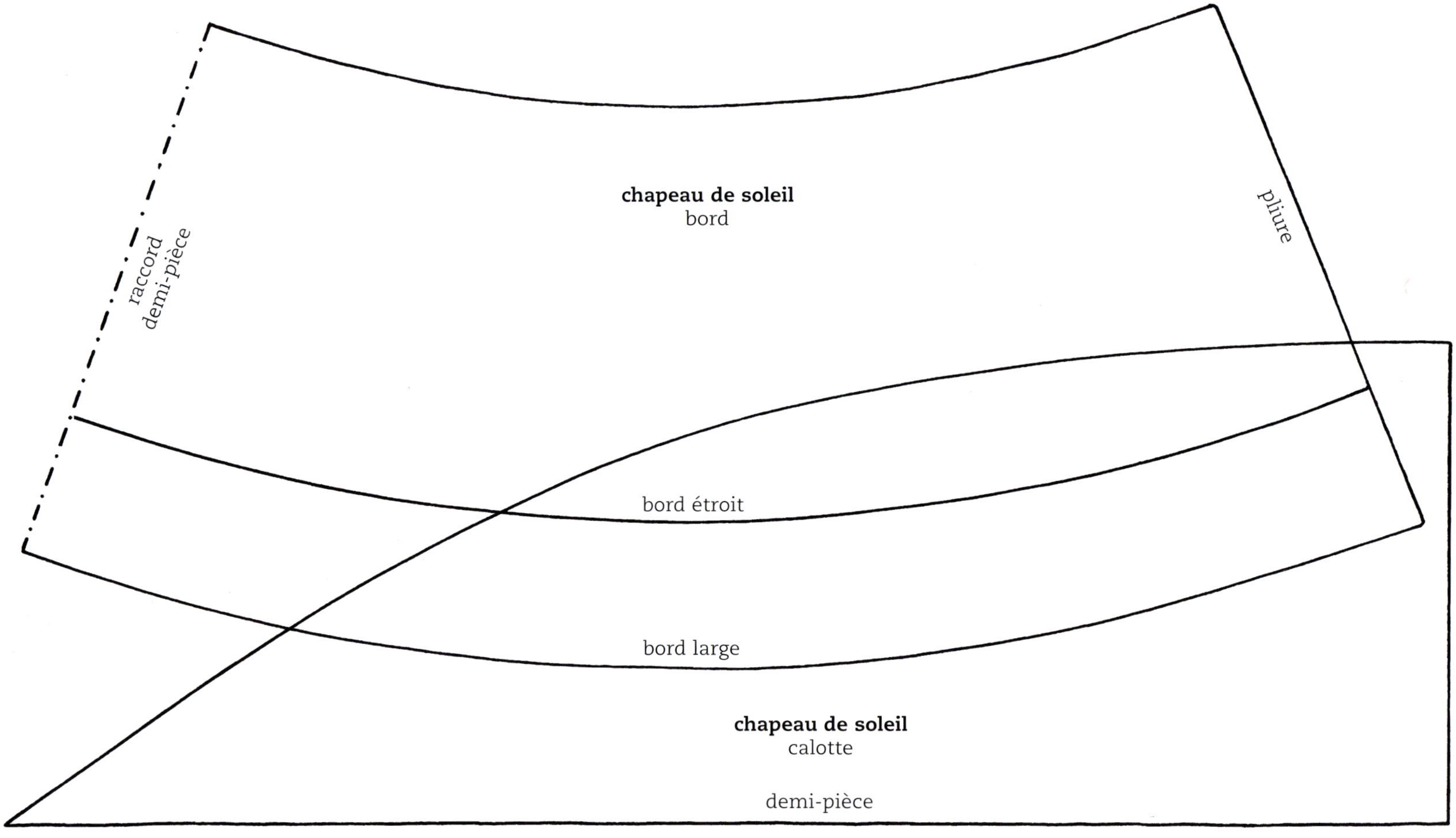

Revêtement de corbeille

Ce revêtement garnit aussi bien les corbeilles rondes que les carrées. Les dimensions des corbeilles sont très variables et elles présentent chacune leurs inégalités, il est donc difficile de donner des mesures standard pour la réalisation de ce modèle. Vous trouverez ci-dessous les instructions pour calculer les dimensions d'un revêtement selon le type de corbeille.

Fournitures

1 corbeille ronde ou carré
tissu

- Mesurez la circonférence du bord supérieur de la corbeille, au niveau de l'extérieur (ill 1.). Ajoutez 1,5 cm de surplus de couture à cette mesure.
- Mesurez la hauteur de la corbeille sur l'extérieur d'une arête, ajoutez la moitié de la mesure du fond, ainsi que 1,5 cm de surplus de couture.
- Coupez un morceau de tissu de dimensions équivalentes aux calculs précédents.
- Pliez le tissu endroit contre endroit dans le sens de la largeur.
- Piquez le côté à une largeur de pied machine, surfilez les bords ensemble, (ill. 2), puis surpiquez.
- Coupez une bande de 12,5 cm de large pour confectionner la bordure ondulée (patron p. 112). La longueur de la bordure doit correspondre à la circonférence de la corbeille plus les surplus de couture. Vous pouvez également confectionner cette bande sans le bord ondulé (p. 115).
- Repassez au fer la bordure envers contre envers, dépliez puis repassez au fer un rentré de couture sur l'envers d'un des côtés les plus longs.
- Ouvrez le rentré de couture puis piquez la bande endroit contre endroit à une largeur de pied machine, la bande forme ainsi un anneau.
- Ouvrez les coutures au fer (ill. 3).
- Pliez le tissu endroit contre endroit, dessinez le contour des vagues sur l'envers de la bordure puis piquez (ill. 4).
- Coupez les vagues en laissant un surplus de couture de 3 mm puis retournez sur l'endroit.
- Piquez le bord supérieur sur le tissu du revêtement, endroit contre envers, à une largeur de pied machine, puis aplatissez les coutures au fer sur la bordure.
- Repliez la bordure sur l'endroit du revêtement, faites un léger rentré de couture de sorte qu'il couvre la couture puis surpiquez.
- Retournez le revêtement sur l'envers, puis divisez-le en 4 parties égales, piquez des épingles comme repères (ill. 5).
- Repliez le revêtement (ill. 6).
- Piquez ces plis à une largeur de pied machine puis surfilez les bords ensemble (ill. 7).
- Placez l'envers du revêtement contre l'intérieur de la corbeille, puis repliez la bordure vers l'extérieur de la corbeille.

1
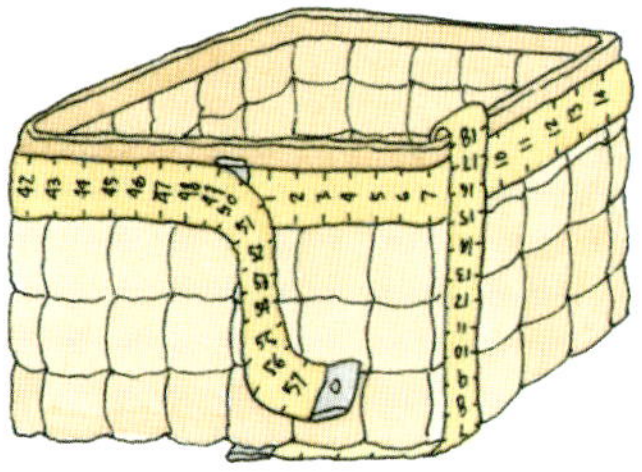

2

3
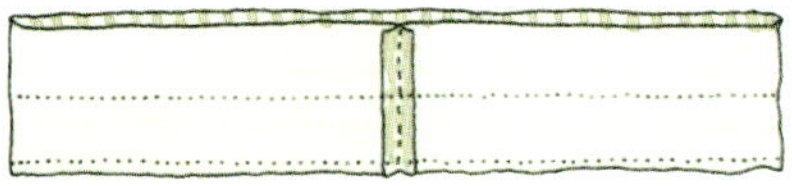

4
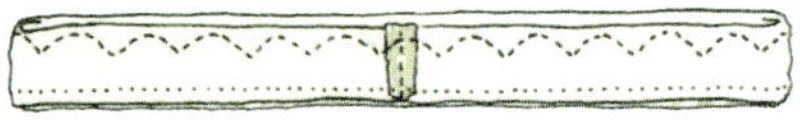

5
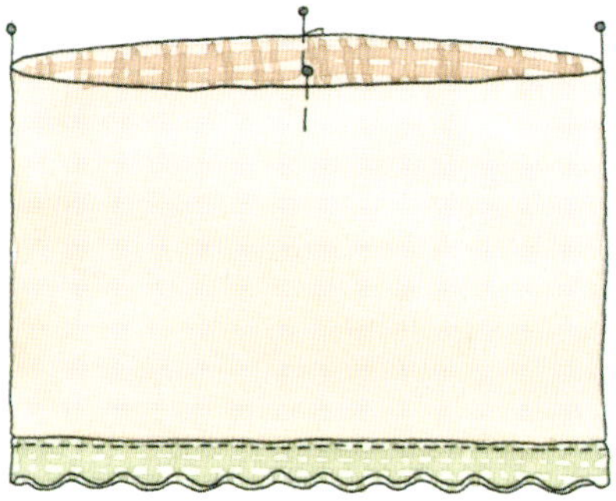

6
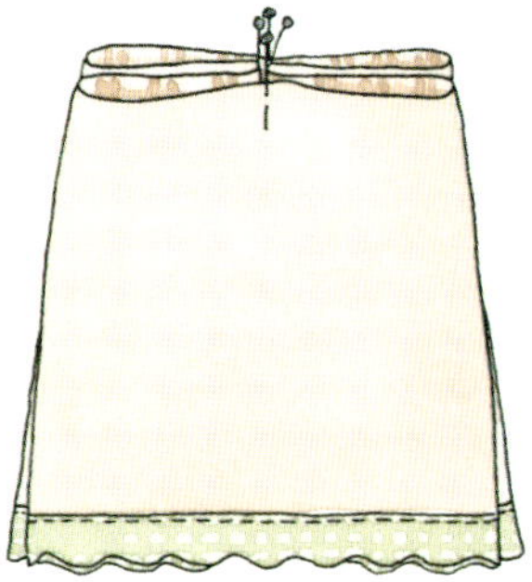

7

Revêtement de panier à anse

Un panier à lattes traditionnel est de forme rectangulaire et aux bords droits. Voici les instructions pour calculer les dimensions et confectionner un revêtement adapté à ce type de panier à anse.

Le patron de la bordure figure à la page 114.

Materialer:

1 panier à anse
tissu

- Mesurez la circonférence du panier au niveau de l'extérieur du bord supérieur (ill. 1 p. 110). Ajoutez 1,5 cm de surplus de couture à cette mesure. Serrez autant que possible le mètre à couture contre le panier au niveau de l'anse.
- Mesurez la hauteur de la corbeille sur l'extérieur d'une arête, sans inclure l'anse, et ajoutez la moitié de la mesure du fond, ainsi que 1,5 cm de surplus de couture.
- Coupez un morceau de tissu de dimensions équivalentes aux calculs précédents.
- Pliez le tissu endroit contre endroit dans le sens de la largeur.
- Piquez le côté à une largeur de pied machine, surfilez les bords ensemble, (ill. 2 p. 110), puis surpiquez.
- Préparez la bordure du revêtement en calculant la mesure d'une anse à l'autre, puis ajoutez 1,5 cm de surplus de couture. La bande de bordure doit mesurer 12,5 cm de largeur. Coupez 2 bandes de bordure de dimensions équivalentes aux calculs précédents.
- Piquez les bords (voir p. 110), puis retournez sur l'endroit.
- Marquez avec des épingles l'emplacement de l'anse sur le revêtement puis placez les 2 bandes de bordures endroit contre endroit sur le revêtement (ill. 1).
- Coupez un morceau de biais de 4 cm de largeur et de même longueur que la circonférence du revêtement, repassez au fer un rentré de couture sur l'envers d'un des côtés les plus longs puis piquez les extrémités du biais ensemble endroit contre endroit à une largeur de pied machine.
- Placez le biais endroit contre endroit sur le revêtement en intercalant les bandes de bordure puis piquez à une largeur de pied machine (ill. 2).
- Retournez sur l'envers, repliez le biais sur le revêtement et surpiquez (ill. 3).
- À l'aide d'épingles, divisez le revêtement en 4 parties égales correspondant à la mesure du fond du panier (ill. 4).
- Faites des plis (ill. 4), piquez à une largeur de pied machine, puis surfilez les bords ensemble (ill. 7 p. 110).

1

2

3

4

Revêtement pour panier évasé avec anse

Si les bords du panier sont évasés, il est recommandé de préparer un patron en papier, composé de deux pièces : le fond et les côtés. Voici quelques conseils pour faciliter la confection de ce type de revêtement. Enfin, pour éviter toute déception, faites un essai dans une chute de tissu.

Fournitures

1 panier à bords évasés avec anse
tissu

- Divisez les bords du panier en quatre pièces de dimensions égales puis marquez ces repères avec du ruban adhésif ou à la craie.
- Humecter légèrement une feuille de papier journal avec un vaporisateur, puis donnez-lui la forme du panier entre deux repères, c'est-à-dire d'une anse à l'autre.
- Reproduisez la pièce sur du papier patron. Comme le revêtement comporte une bordure qui sera repliée sur l'extérieur du panier, il faut mesurer la circonférence extérieure du panier puis ajouter cette bordure. Ajoutez également 1,5 cm de surplus de couture sur chaque bord.
- Coupez la pièce du patron dans la double épaisseur du tissu (ill. 1).
- Dessinez la pièce du fond en mesurant la circonférence extérieure, faites des essais puis élargissez si besoin les surplus de couture.
- Coupez la pièce du fond dans la simple épaisseur du tissu.
- Piquez les côtés du revêtement à une largeur de pied machine, surfilez les bords puis surpiquez.
- Assemblez le fond au revêtement, endroit contre endroit, à une largeur de pied machine, surfilez les bords puis surpiquez (ill. 2).
- Calculez les dimensions de la bordure, puis piquez-la avec un morceau de biais en suivant les instructions de la page précédente.

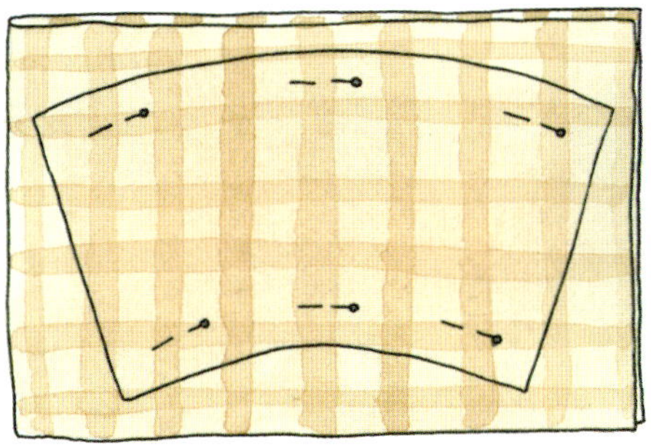
1

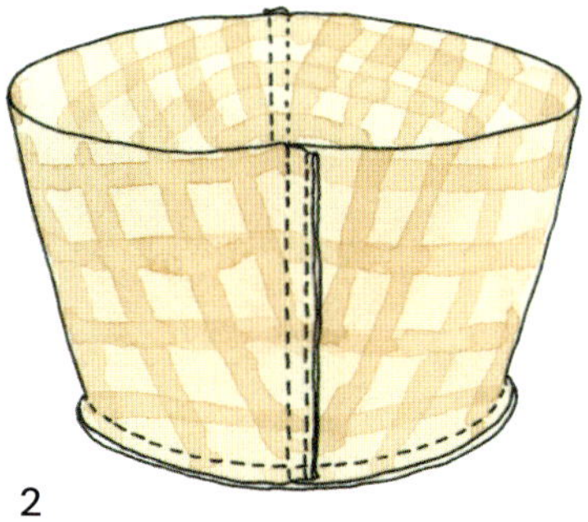
2

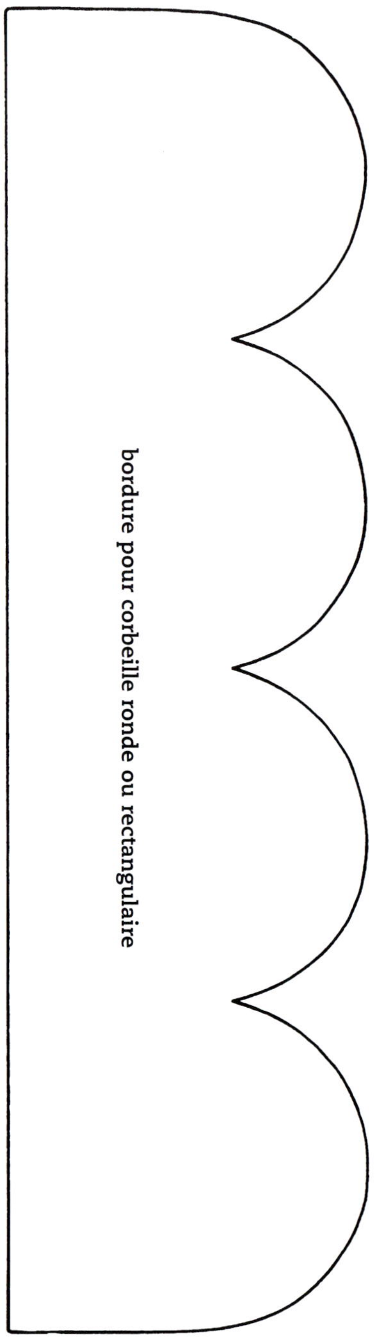

Étui à couverts

L'accessoire chic d'un pique-nique ! Cet étui est confectionné en quatre pochettes, mais vous pouvez aisément le personnaliser.

Les dimensions de ce modèle sont de 26 x 30 cm.

Fournitures

tissu pour les bordures ondulées, deux morceaux de 8,5 x 32 cm chacun
viseline épaisse thermocollante, deux morceaux de 4 x 32 cm chacun
tissu pour le lien, 8 x 85 cm
tissu pour l'extérieur, 32 x 45 cm
viseline épaisse, 32 x 45 cm
tissu pour l'intérieur, deux morceaux de 32 x 23,5 cm chacun

- Pliez les bandes des bordures endroit contre endroit puis reproduisez 8 vagues d'après le patron figurant à la page suivante.
- Fixez la viseline sur un des côtés de chaque bordure puis piquez en suivant le trait du contour (ill. 1).
- Coupez les vagues en laissant un surplus de couture de 3 mm puis retournez sur l'endroit.
- Confectionnez le lien (ill. 2).
- Fixez la viseline sur l'envers du tissu extérieur.
- Placez les deux morceaux de tissu de l'intérieur endroit contre endroit puis piquez un côté à une largeur de pied machine. Laissez une ouverture de 12 cm environ (ill. 3).
- Écartez les couture au fer puis ouvrez la pièce.
- Placez la partie intérieure et la partie extérieure endroit contre endroit en intercalant les bordures ondulées puis piquez chaque extrémité à une largeur de pied machine (ill. 4).

1
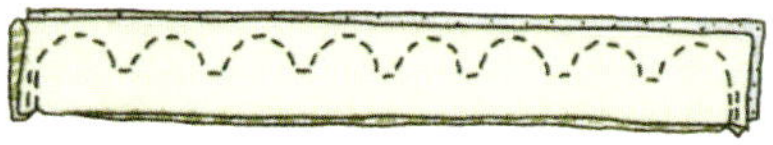

2
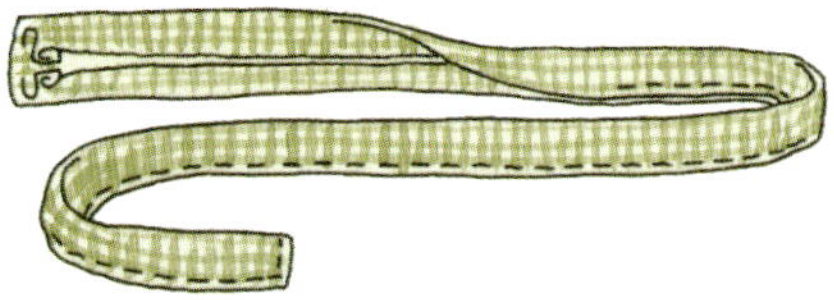

3
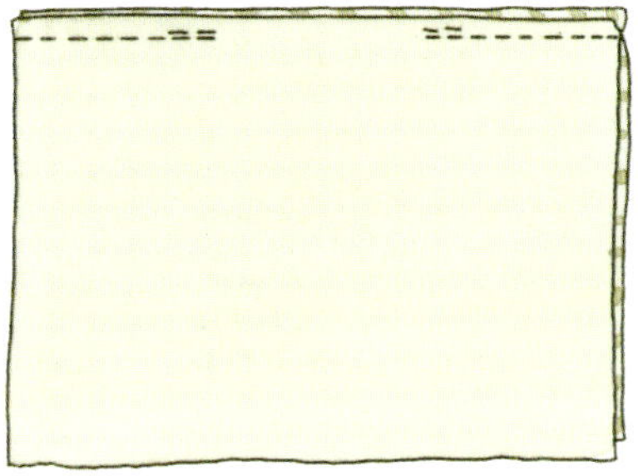

4
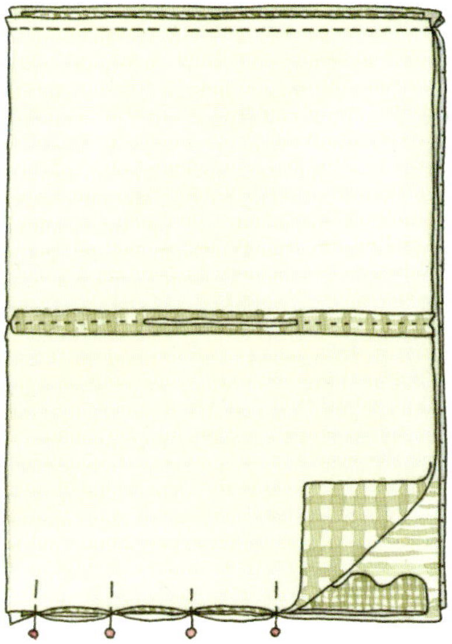

- Retournez sur l'endroit puis surpiquez le bord inférieur (ill. 5).
- Placez le lien à 10,5 cm du bord ondulé supérieur puis piquez (ill. 5). Le lien doit être uniquement piqué sur la partie intérieure de l'étui.
- Pliez la pièce pour former une poche de 19,5 cm de profondeur puis épinglez les trois épaisseurs supérieures (ill. 6).
- Retournez sur l'envers puis piquez les bords à une largeur de pied machine (ill. 7).
- Retournez ensuite sur l'endroit puis fermez l'ouverture au point glissé.
- Surpiquez la couture de la bordure ondulée supérieure.
- Préparez le trait de trois coutures pour former quatre pochettes, piquez en maintenant le lien avec des épingles (ill. 8).

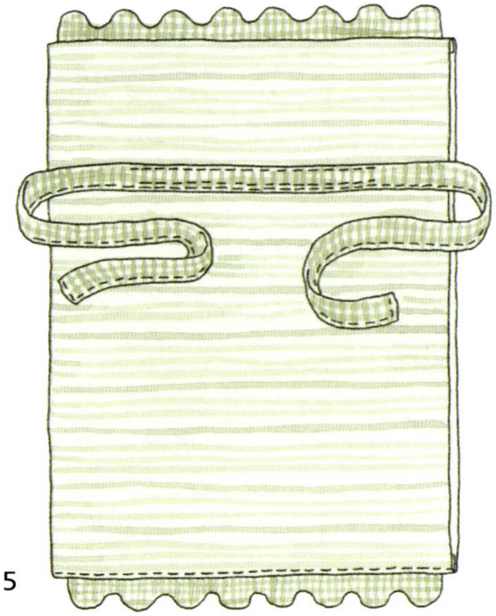
5

7

6

8

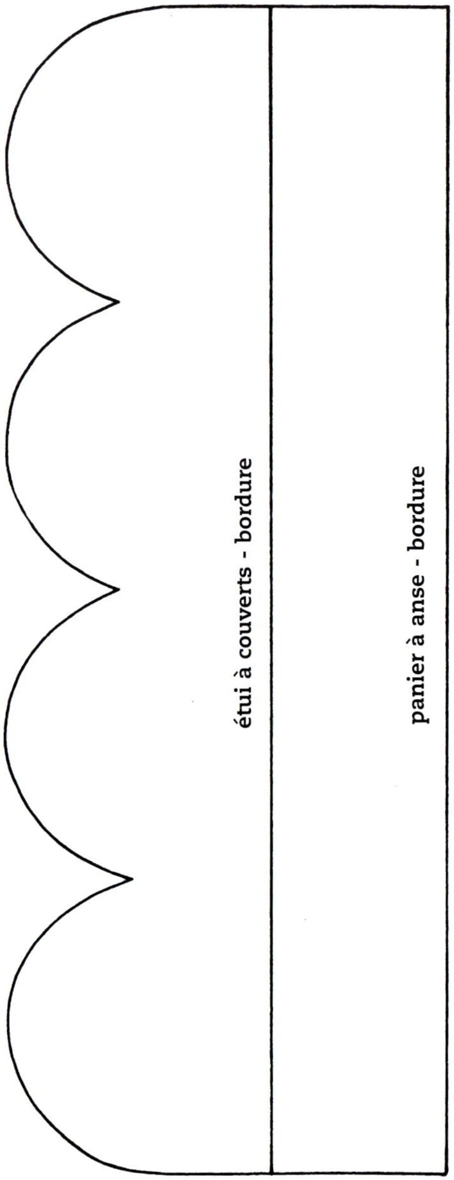

Étui thermos

L'étui est composé d'une doublure isolante, ainsi il peut maintenir au frais pendant plusieurs heures une bouteille de jus de fruits ou de vin.
L'étui mesure 15 x 41 cm.

Fournitures
tissu pour la bordure ondulée,
2 morceaux de 13 x 18 cm
tissu pour le lien, 8 x 75 cm
tissu pour l'étui extérieur, 18 x 75 cm
doublure pour l'étui intérieur, 18 x 75 cm
doublure isolante, 18 x 75 cm

- Pliez les bandes des bordures endroit contre endroit, dessinez les contours de quatre vagues puis piquez (ill. 1a), veillez à ne pas piquer le bord inférieur des bandes.
- Coupez les vagues en laissant un surplus de couture de 3 mm (ill. 1b).
- Aplatissez les coutures sur l'envers (ill. 1c).
- Retournez sur l'endroit puis surpiquez les rentrés de couture un par un (ill. 1d).
- Faites une surpiqûre dans les deux épaisseurs de tissu à 3,5 cm du bord inférieur (ill.).
- Confectionnez le lien (ill. 2 page 113).
- Placez l'envers du tissu extérieur sur la doublure isolante puis pliez endroit contre endroit dans le sens de la largeur.
- Piquez les côtés (ill. 2).
- Pliez la doublure de l'étui intérieur endroit contre endroit de la même façon puis piquez les côtés en laissant une ouverture de 12 cm de longueur environ sur l'un des côtés (ill. 3).
- Coupez les surplus de couture à 3 mm, élargissez le surplus à 5 mm au niveau de l'ouverture.
- Retournez l'étui extérieur sur l'endroit.

1a

1b

1c

1d
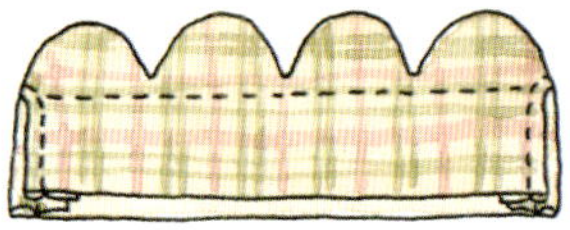

2
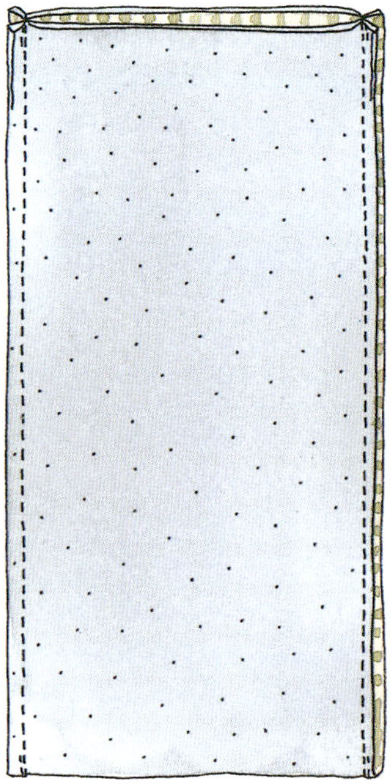

3

- Placez les bordures ondulées endroit contre endroit le long du bord supérieur de l'étui extérieur (ill. 4).
- Insérez l'étui extérieur endroit contre endroit dans l'étui intérieur, puis piquez le bord supérieur à une largeur de pied machine (ill. 5).
- Retournez sur l'endroit puis fermez l'ouverture au point glissé.
- Insérez l'étui intérieur dans l'étui extérieur puis glissez le lien dans la coulisse (ill. 6).

4

5

6

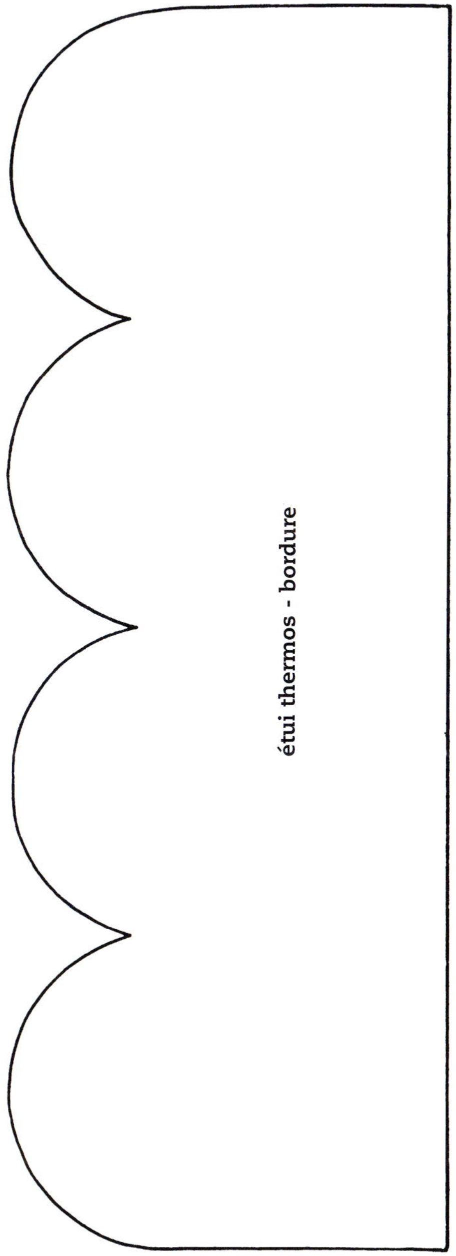

Bateau en papier

N'avez-vous jamais navigué à bord d'un bateau de papier ?
Vous n'aurez besoin que d'une feuille de papier de format A4 ou A5 et d'une vasque remplie d'eau.

- Pliez la feuille de papier dans le sens de la largeur, puis à nouveau dans le sens de la largeur (ill. 1).
- Ouvrez le dernier pli, puis repliez le coin droit vers le centre de la face avant et le coin gauche vers le centre de la face arrière (ill. 2).
- Repliez les quatre petits coins vers l'intérieur (ill. 3 et 4).
- Ouvrez la pièce puis refermez-la de sorte que le pli central forme désormais les plis latéraux (ill. 5).
- Repliez les coins inférieurs vers le haut (ill. 6), puis répétez l'opération précédente (ill. 7).
- Ouvrez la pièce pour faire apparaître le bateau (ill. 8 et 9).

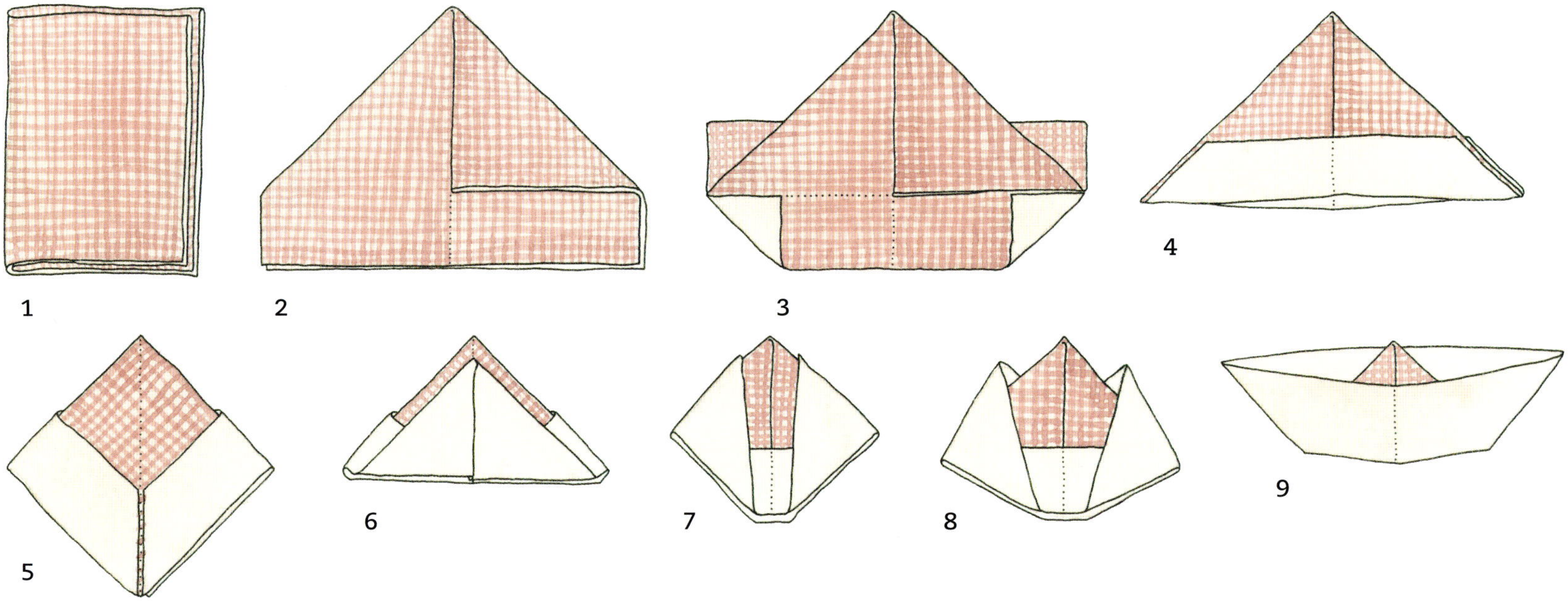

Petits pains aux olives

Ces petits pains faits maison sont très appréciés comme encas lors d'une promenade. Emportez-les dans un panier, bien enveloppés.

Pour 25 petits pain
25 g de levure
1,5 c. à c. de sel
50 g de beurre coupé en petits morceaux
250 g de farine complète ou de farine d'épeautre
40 cl d'eau tiède
350 - 400 g de farine de blé
pesto
parmesan râpé
30 olives hachées

- Mélangez la levure, le sel, le beurre et la farine complète ou d'épeautre avec l'eau tiède.
- Ajoutez progressivement la farine de blé puis pétrissez le tout pour obtenir une pâte souple.
- Couvrez la pâte de film alimentaire puis laissez-la reposer jusqu'à ce qu'elle ait doublée de volume.
- Sur un plan de travail fariné, étalez la pâte au rouleau pour former un rectangle de 60 x 40 cm.
- Étalez une mince couche de pesto sur la pâte puis saupoudrez de parmesan râpé et d'olives hachées.
- Formez un rouleau avec la pâte puis coupez des tranches de 3 cm d'épaisseur.
- Répartissez les tranches sur une plaque de cuisson couverte de papier sulfurisé puis laissez-les reposer pendant 30 min environ.
- Enfournez les petits pains dans un four chaud à 230°C et laissez cuire pendant 15 min environ.